公共关系研究
PUBLIC RELATIONS

第7辑(Vol.7)　　　《公共关系研究》编辑委员会　主编

经济管理出版社
ECONOMY & MANAGEMENT PUBLISHING HOUSE

图书在版编目（CIP）数据

公共关系研究. 第 7 辑/《公共关系研究》编辑委员会主编. —北京：经济管理出版社，2023. 10
ISBN 978-7-5096-9389-6

Ⅰ. ①公…　Ⅱ. ①公…　Ⅲ. ①公共关系—研究　Ⅳ. ①C912. 31

中国国家版本馆 CIP 数据核字（2023）第 204959 号

责任编辑：申桂萍　丁凤珠
责任印制：黄章平
责任校对：董杉珊

出版发行：经济管理出版社
　　　　　（北京市海淀区北蜂窝 8 号中雅大厦 A 座 11 层　100038）
网　　址：www. E-mp. com. cn
电　　话：（010）51915602
印　　刷：唐山昊达印刷有限公司
经　　销：新华书店
开　　本：787mm×1092mm/16
印　　张：7
字　　数：161 千字
版　　次：2023 年 10 月第 1 版　2023 年 10 月第 1 次印刷
书　　号：ISBN 978-7-5096-9389-6
定　　价：48.00 元

目　录

Contents

人类命运共同体理念中的"和合思想"

王家瑞[*]

【摘要】 党的十八大以来，习近平主席在国际国内场合多次阐述、倡导人类命运共同体理念。之后，"构建人类命运共同体"陆续被写入联合国决议、安理会决议，这彰显了中国理念、中国方案对完善全球治理体系的重要贡献。从文化传统的视角看，人类命运共同体理念是对中国优秀传统文化的创造性转化和创新性发展，其中蕴含的"和合思想"对增进国际和平事业、优化全球治理结构、构建合作共赢的新型国际关系均具有重要启迪意义。本文从历史和现实相结合的维度，阐释了"和合思想"的缘起、传承和发展，力图为构建人类命运共同体、建设一个更加美好的世界增添些许学术助力。

【关键词】 人类命运共同体；和合思想；全球治理体系

On the Thought of "Harmony and Cooperation" in the Notion of a Community with a Shared Future for Mankind

WANG Jiarui

Abstract Since the 18th CPC National Congress, President Xi Jinping has repeatedly advocated the notion of "A community with a shared future for Mankind" on many domestic and international occasions. "Building a community with a shared future for Mankind" has thereafter been written into major resolutions of the UN and the Security Council, highlighting the significant contribution of Chinese ideas and solutions to a better system of global governance. From a perspective of cultural traditions, this notion epitomizes the innovative transformation and development of quintessential Chinese traditional culture, of which the thought of "harmony and cooperation" is of particular inspirational significance to promoting international peace, optimizing the structure of global governance and constructing a new type of international relationship marked by win-win cooperation. This paper, from the perspective of combining history and reality, is to expound the origin, inheritance and development of the thought

---

* 王家瑞（1949—），男，河北秦皇岛人，第十二届全国政协副主席。

of "harmony and cooperation", in a bid to make academic contributions to building a community with a shared future for Mankind and a better world.

Keywords　A Community with a Shared Future for Mankind；The Thought of Harmony and Cooperation；Global Governance System

党的十八大以来，习近平主席在国际国内场合多次阐述、倡导人类命运共同体理念。之后，"构建人类命运共同体"陆续被写入联合国决议、安理会决议，彰显了中国理念、中国方案对完善全球治理体系的重要贡献。人类命运共同体理念是对中国优秀传统文化的创造性转化和创新性发展，是对马克思列宁主义的继承、创新和发展，是对新中国成立以来我国外交经验的科学总结和理论提升，蕴含着深厚的中国智慧。其中，"和合思想"是人类命运共同体理念的重要组成部分，对于增进国际和平事业、优化全球治理结构、构建合作共赢的新型国际关系具有重要启迪意义。

1. 人类命运共同体理念对"和合思想"的传承

"和合"是中国思想文化中被人们普遍接受和认同的人文精神，它纵贯整个中国思想文化发展的全过程，积淀于各个时代的名家各派思想文化之中，体现着中国思想文化的重要价值和精髓，也是中国思想文化中最完善、最富生命力的体现形式。《国语》中即记载"商契能和合五教"。《论语》中则言："礼之用，和为贵。""和合"是中国礼乐文明的精神表达。习近平也说道："中华民族历来是爱好和平的民族。中华文化崇尚和谐，中国'和'文化源远流长，蕴含着天人合一的宇宙观、协和万邦的国际观、和而不同的社会观、人心和善的道德观。"不论是个体的身心和合，还是人与自然的和合、人与社会的和合、国家与国家的和合等，崇尚"和合"在当今时代仍具有重要价值。人类命运共同体理念正是对这些思想文化的传承。

1.1　对"天人合一"思想的传承

"天人合一"的思想最早是由汉代思想家董仲舒提出并阐发而成的一套哲学思想体系，并以此构建了中华传统文化的主体。宇宙自然是大天地，人则是一个小天地。人和自然在本质上是相通的，故一切人事均应顺应自然规律，达到人与自然的和谐。"天"代表"道""真理""法则"，万物芸芸，各含道性，"天人合一"就是与先天本性相合，回归大道，归根复命。

习近平主席倡议："我们应该创造一个包容互鉴、共同发展的未来。面对全球性挑战，各国应该加强对话，交流学习最佳实践，取长补短，在相互借鉴中实现共同发展，惠及全体人民。同时，要倡导和而不同，允许各国寻找最适合本国国情的应对之策。"人类命运共同体理念传承了儒家文化中"天人合一"思想的和谐精神。习近平也指出："这个世界，各国相互联系、相互依存的程度空前加深，人类生活在同一个地球村里，生活在历史和现实交汇的同一个时空里，越来越成为一个你中有我、我中有你的命运共同体。"这表明了中国政府对于解决全球生态问题积极负责的态度，始终主张以平等相待、合作共赢、互商互惠的共同体意识应对全球生态问题，实现人与自然的和谐相处，这是对中华优秀传统文化的传承，也是人类命运共同体理念的重要思想来源。

1.2　对"和合共生"融合思想的传承

和合理念是中国文化的首要价值，也是中国文化的精髓，是中国文化生命的最完美最完善的体现形式。"和"指和谐、和平、祥和；"合"是结合、合作、融合。"和合"是实现"和谐"的途径，"和谐"是"和合"的理想实现，也是人类古往今来孜孜以求的自然、社会、人际、身心、文明中诸多元素之间的理想关系状态。早在西周时期，思想家史伯就提出"和实生物，同则不继"（《国语·郑语》）。中国自秦汉以来在处理境内民族关系以及和周边国家关系时，总体坚持相互依存、和平共处。这种"和睦相处"的文明观与古代中国社会的经济基础有关，但也与中国多民族文化长期融合发展有关，传承了中华传统文化"和合共生"思想的融合精神。中国文化崇尚和合共生，主张和而不同。例如，孔子所言的"君子和而不同，小人同而不和"（《论语》），就是提倡在交往中，保持和谐关系。古代"和"文化除了强调"和而不同"的相处关系外，还有以"和解"的方式解决矛盾的含义。今天，人类生活在共同的"地球村"，必须利益共享、责任共担、同舟共济。世界各国间相互融合、相互依赖，互联互通在不断加强，因此各国都必须求同存异、各美其美、美美与共，推进全人类社会呈现融合发展的态势。构建人类命运共同体既是中国的外交理念所需，更是中国作为一个负责任的大国对世界的美好愿景和贡献。当今世界越来越成为一个命运共同体，各国间荣损与共、和合共生。中国与世界各国都是人类命运共同体中的重要一员，中国需要积极致力于与各方共商共筑人类命运共同体，中国欢迎世界各国积极搭乘中国快速发展的"便车"，推进包括中国在内的各国经济、文化等融合共进。

习近平在二十国集团工商峰会开幕式上发表主旨演讲中提道："抛弃过时的冷战思维，树立共同、综合、合作、可持续的新安全观是当务之急。我们呼吁各国珍惜难能可贵的和平和安宁，为维护全球和地区稳定发挥建设性作用。各国都应该坚持联合国宪章宗旨和原则，坚持多边主义，通过对话协商解决分歧和争端，寻求而不是破坏共识，化解而不是制造矛盾，推动国际秩序朝着更加公正合理的方向发展。和衷共济、和合共生是中华民族的历史基因，也是东方文明的精髓，中国将坚定不移走和平发展道路。"今天，人类生活在共同的"地球村"，必须利益共享、责任共担、同舟共济。世界越来越多的国家已经成为一个共同体，只有平等合作，才能出现互利双赢的局面。在一个国家出现危难时，其他国家应伸出援助之手来帮他渡过难关；当国与国之间发生文化冲突时，双方都应抱有广阔的胸襟来相互包容。如此之下，定能解决不少难题，也将和平发展道路越走越长。

1.3 对"人心和善"包容精神的传承

中华民族历来追求和睦、爱好和平、倡导和谐，"亲仁善邻""协和万邦"，数千年文明史造就了独树一帜的"和"文化。"和"文化蕴含着"天人合一的宇宙观、协和万邦的国际观、和而不同的社会观、人心和善的道德观"。中国优秀传统文化富含"仁""爱""和"的优秀基因。孟子曾提出："水信无分于东西，无分于上下乎？人性之善也，犹水之就下也。人无有不善，水无有不下。今夫水，搏而跃之，可使过颡；激而行之，可使在山。是岂水之性哉？其势则然也。人之可使为不善，其性亦犹是也。"孟子认为，性善可以通过每一个人都具有的普遍的心理活动加以验证。既然这种心理活动是普遍的，此性善就是有根据的，是出于人的本性、天性的，孟子称之为"良知""良能"。以孔子为代表的先秦儒家和主张兼爱的墨子均代表着一种以仁爱仁义精神为基础的社会正义观。他们认为，为了实现社会整体和谐的美好愿望，必须用"仁"来调整人与人之间的关系。"仁"的基础和首要要求就是"爱人"。

习近平多次赞誉的近代思想家王阳明主张"天下一家"，"圣人之心，以天地万物为一体，其视天下之人，无外内远近。……天下之人，皆相视如一家之亲"。这些优秀传统文化，是中华文明得以传承和繁荣的精神支柱，也是构建人类命运共同体的思想渊源。人类命运共同体等思想观念，以及在此指导下的"一带一路"倡议等实践举措，就是对这些优秀传统文化的创造性转化和创新性运用。习近平主席在联合国阐述构建人类命运共同体的基本原则时，提出伙伴关系要"平等相待、互商互谅"，文明交流要"和而不同、兼收并蓄"，生态体系要"尊崇自然、绿色发展"，就是对和平、仁爱、天下一家等优秀传统文化的创造性转化和创新性发展。

2. 人类命运共同体理念中"和合思想"的特征

当今世界，瞬间万里、天涯咫尺的全球化传导机制把人类居住的星球变成了"地球村"，各国利益的高度交融使不同国家成为一个共同利益链条上的一环。任何一环出现问题，都可能导致全球利益链中断。面对越来越多的全球性问题，任何国家都不可能独善其身，任何国家要想自己发展，必须让别人发展；要想自己安全，必须让别人安全；要想自己活得好，必须让别人活得好。在人类命运共同体理念中，"和合思想"滋养下的中国方案呈现出如下特征：

2.1 提倡合作共赢

人类命运共同体提倡"双赢、多赢和共赢"，就是把所有人类作为一个整体，摒弃单方面受益的思想，减小各国之间的贫富差距，共同发展与进步。2017年1月18日，国家主席习近平在日内瓦万国宫出席"共商共筑人类命运共同体"高级别会议，并发表题为《共同构建人类命运共同体》的主旨演讲，指出"中国将继续奉行互利共赢的开放战略，欢迎各国搭乘中国发展的'顺风车'。中国提出

'一带一路'倡议，就是要实现共赢共享发展"，体现了以合作共赢为核心的新型国际关系的思想内涵。在"一带一路"倡议下，各国展现出了持续的合作热情：中国同 80 多个国家和组织签署"一带一路"合作协议，同 30 多个国家和地区开展了机制化产能合作；截至 2018 年 2 月底，被誉为"钢铁驼队"的中欧班列累计开行数量突破 7200 列、开行线路达 61 条、国内开行城市达 38 个，可达欧洲 13 个国家的 36 个城市；亚洲基础设施投资银行成立两年来成员数由最初的 57 个增至 84 个，其在亚非国家参与投资的 24 个基建项目让千千万万民众分享到全球发展的红利。中国不仅是构建人类命运共同体的倡导者，也是实践者、贡献者和先行者，把与各国命运休戚与共的决心，转化为扎扎实实的行动。这正是人类命运共同体所提倡的合作共赢的核心——将思想付诸行动。

2.2　提倡和谐平等

命运共同体就是一个利益攸关、命运相连、唇齿相依的国家集合体。虽然各国之间无论是社会制度、价值观念、发展道路还是历史传统、宗教信仰、文化背景都存在差异，各有自己的特性和优点，但是就人类整体而言，仍有共同的价值追求。一是和平发展。反对战争，维护世界和平一直是中国人民矢志不移的追求。习近平指出："和平是人民的永恒期望。和平犹如空气和阳光，受益而不觉，失之则难存。没有和平，发展就无从谈起。国家无论大小、强弱、贫富，都应该做和平的维护者和促进者，不能这边搭台、那边拆台，而应该相互补台、好戏连台。"二是公平发展。习近平指出，"公平正义是世界各国人民在国际关系领域追求的崇高目标"，"世界长期发展不可能建立在一批国家越来越富裕而另一批国家却长期贫穷落后的基础之上。只有各国共同发展了，世界才能更好发展"。坚持公平发展，必须坚持主权平等，推动各国权利平等、机会平等、规则平等，做到"世界命运应该由各国共同掌握，国际规则应该由各国共同书写，全球事务应该由各国共同治理，发展成果应该由各国共同分享"。三是可持续发展。在联合国日内瓦总部的演讲中，习近平强调："到目前为止，地球是人类唯一赖以生存的家园，珍爱和呵护地球是人类的唯一选择。瑞士联邦大厦穹顶上刻着拉丁文铭文'人人为我，我为人人'。我们要为当代人着想，还要为子孙后代负责。"打造人类命运共同体，就要树立尊重自然、顺应自然、保护自然的理念，像对待生命、保护眼睛一样对待、保护生态环境，推动形成绿色发展方式和生活方式。四是共赢式发展。习近平指出："一个强劲增长的世界经济来源于各国共同增长。各国要树立命运共同体意识，真正认清'一荣俱荣、一损俱损'的连带效应，在竞争中合作，在合作中共赢。"大家一起发展才是"真发展"，可持续发展才是"好发展"。人类命运共同体理念作为一种超越民族国家和意识形态的价值观，既表达了中国追求和平发展、建立和谐世界的愿望，也反映了全人类的根本价值诉求。

2.3　提倡文明交流

习近平提出的打造人类命运共同体这一目标，反映了中华文化追求和平、和谐，建设大同世界的理想。一是要文明与文化互鉴共进。和而不同是一切事物发生发展的规律，每个国家和民族的文明都扎根于本国本民族的土壤之中，都有自己的特色、长处和优点。文明特别是思想文化是一个国家、一个民族的灵魂，任何国家和民族，如果不珍惜自己的思想文化，丢掉了思想文化这个灵魂，这个国家、这个民族是立不起来的。本国本民族要珍惜和维护自己的思想文化，也要承认和尊重其他国家和民族的思想文化。虚心学习、积极借鉴其他国家和民族思想文化的长处和精华，是增强本国本民族思想文化自尊、自信、自立的重要条件。无独有偶，任何国家和民族的发展与进步，都离不开对其他文明和文化的吸收与借鉴，要坚持从本国本民族的实际出发，坚持取长补短、择善而从，讲求兼收并蓄，但兼收并蓄不是囫囵吞枣、莫衷一是，而是要去粗取精、去伪存真。二是通过文明和文化的交流来增进共识。习近平指出，"我们应该推动不同文明相互尊重、和谐共处，让文明交流互鉴成为增进各国人推动人类社会进步的动力、维护世界和平的纽带"。每个国家和民族的文明与文化，都有其独特的价值与魅力，各个国家和民族都应以开放、包容的心态对待其他国家和民族的文明与文化。如在古丝绸之路延续的历史长河中，我们看到的是各类文明的交汇交融，这一历史传统应该在今天的"一带一路"建设中得到延续。事实表明，文化交流可以为化解经济、宗教、政治的纠纷和误解，提供宽松和平的环境。从打造人类命运共同体这一大目标出发，我们应该努力推动各国间的文化交流，增进各国人民的相互了解，使人们树立人类命运共同体的意识，以达成共同推进人类社会文明进步的共识，推动人类社会的和平与发展。

3. 人类命运共同体理念对"和合思想"的创造性发展

人类命运共同体理念不仅传承了中华传统文化，而且超越了中华传统文化。具体而言，就是立足中国现实又着眼未来，始终把中国的发展融入世界的发展，以中国的发展促进各国的发展，树立世界各国人民的命运是紧密联系在一起的思想。人类命运共同体理念，正是在把握时代新特征和世界新格局的基础上，对其进行了创造性转化和创新性发展，提出了新的发展思路，使人类命运共同体理念更具深度和广度，进一步丰富了其国际话语体系，主要表现为：

3.1 公平正义，坚持和平发展道路

人类命运共同体理念具有鲜明的平等性和与时俱进性。党的十八大以来，构建人类命运共同体思想大致经历了四次飞跃，每次飞跃都是对"平等"观念的完善。第一次飞跃是党的十八大把"共赢"写到了外交旗帜之上，明确提出"人类命运共同体"概念，并主要用于解释"合作共赢"的内涵，即上升到外交高度；第二次飞跃是党的十八大以来，习近平主席多次阐释"人类命运共同体"理念，深入回答"实然"与"应然"两大问题，奏响时代思想最强音；第三次飞跃是2015 年 9 月，在联合国成立 70 周年纪念峰会上，习近平主席强调要将构建合作共赢的新型国际关系与人类命运共同体思想紧密相连，提出"五位一体"布局；第四次飞跃是 2017 年 1 月在日内瓦万国宫，习近平主席对"五位一体"行动方

略全面概括，提出了"五个世界"的构思，让"中国方案"更具有历史深度和哲学高度。每一次飞跃都意味着构建人类命运共同体思想"平等"理念的与时俱进，其强调世界各国不论大小、贫富，各民族人民的命运是平等的、公平的，中国对世界各国及其人民都一视同仁，呈现了中国特色大国外交更大的理论自信与行动自觉。

3.2　对外开放，推进"一带一路"倡议

"一带一路"建设是构建人类命运共同体的伟大探索和实践，同时也蕴含了体现时代精神的发展理念，引领着新时期国际合作的新方向，为打造人类命运共同体提供了强大的理念领导力。习近平主席指出，改革和完善现行国际体系，不意味着另起炉灶，而是要推动它朝着更加公正合理的方向发展。构建人类命运共同体就是要推动改革全球治理体制中不公正不合理的安排，解决发展赤字、和平赤字、治理赤字。"一带一路"倡议所蕴含的理念领导力，就体现在它大大放宽了国家的利益边界，改变狭隘的小集团利益思维。在此之下，我们更要坚持对外开放的基本国策，坚持打开国门搞建设，把"一带一路"与构建人类命运共同体更加紧密结合起来，与落实2030年可持续发展议程紧密结合起来，打造国际合作新平台，增添共同发展新动力。遵循共商共建共享原则，弘扬和平合作、开放包容、互学互鉴、互利共赢的丝路精神，加强同沿线国家的政策沟通、设施联通、贸易畅通、资金融通、民心相通，把"一带一路"建成和平之路、繁荣之路、开放之路、创新之路、文明之路。

3.3　同舟共济，建立合作共赢的新型国际关系

全球化背景下，全球的空间在变小，人类的生存环境越来越具有"公共"的性质，环境污染、金融危机、恐怖主义、核武器扩散、毒品泛滥、艾滋病蔓延等都成为全球每个国家共同面临的生存难题。"无论一个民族多么弱小，地处多么遥远，没有一个民族能够不受影响而'独立生存'。"习近平曾多次用中国传统"和"文化强调合作共赢的重要性，如"合则强，孤则弱"（《管子》），"孤举者难起，众行者易趋"（清·魏源《默觚·治篇八》），"既以为人，己愈有；既以与人，己愈多"（《道德经·第八十一章》），"强不执弱，富不侮贫"（《墨子·兼爱中》），"和羹之美，在于合异"（《三国志·夏侯玄传》），"单则易折，众则难摧"（《北史·吐谷浑传》）等。可以说，在经济全球化背景下，世界各国的发展，已不可能是古代的独善其身，也不应该是冷战时期的"零和博弈"，而是你中有我、我中有你的生死相依，休戚与共，只有同舟共济，把本国利益同各国共同利益结合起来，努力扩大各方共同利益的会合点，实行相互尊重、平等协商、开放包容、普惠平衡、合作共赢，才能产生"1+1>2"的叠加效应，甚至是"2×2>4"的乘数效应，达到"天下大同"的理想状态，这也是新时代必须树立的新的国际观。我们将以周边和大国为重点，以发展中国家为基础，以多边为舞台，以深化务实合作、加强政治互信、夯实社会基础、完善机制建设为渠道，全面发展同各国的友好合作，不断完善我国全方位、多层次、立体化的外交布局。推进大国协调和

合作，构建总体稳定、均衡发展的大国关系框架，按照亲诚惠容理念和与邻为善、以邻为伴周边外交方针深化同周边国家关系，秉持正确义利观和真实亲诚理念加强同发展中国家团结合作。

4. 结语

习近平主席在纪念孔子诞辰 2565 周年国际学术研讨会上着重指出："不忘历史才能开辟未来，善于继承才能善于创新。只有坚持从历史走向未来，从延续民族文化血脉中开拓前进，我们才能做好今天的事业。"构建人类命运共同体是一项宏大的系统工程，非一朝一夕之功，不可能一蹴而就。构建人类命运共同体也是一项伟大的事业，不会一帆风顺，需要进行具有许多新的历史特点的伟大斗争。我们要对构建人类命运共同体的复杂性、艰巨性、长期性、曲折性有充分认识和深刻把握，对可能出现的风险挑战进行前瞻性、系统性和战略性的思考和研究，为推动构建人类命运共同体、携手建设更加美好的世界贡献更多智慧。同时，我们也要对人类共同体中的"和合思想"进行深刻的剖析与理解，反省自身不足，发扬自身优势，为建设一个更加美好的世界而不懈努力。

参考文献

李忠发，白洁，崔文毅. 引领世界潮流的航标——习近平主席推动构建人类命运共同体的时代启示 [EB/OL]. 新华网，2018-03-23.

梅萍. 论人类命运共同体思想对中"和"文化的承扬 [J]. 海南大学学报（人文社会科学版），2018（1）：34-40.

张静，马超. 论习近平人类命运共同体思想对中华传统文化的传承与超越 [J]. 学术论坛，2017（3）：11-12.

申论库. 加强文化和文明交流，打造人类命运共同体 [J]. 人民论坛，2018（28）：40-49.

习近平. 和衷共济、和合共生是中华民族的历史基因 [N]. 人民日报，2016-07-04.

冯颜利，唐庆. 习近平人类命运共同体思想的深刻内涵与时代价值 [N]. 当代世界，2017（11）：21-25.

赵柯. "一带一路"：为人类命运共同体建设提供理念领导力 [EB/OL]. 中国网，2017-07-19.

杨洁篪. 推动构建人类命运共同体 [N]. 人民日报，2017-11-19.

易佑斌. 和合主义视域下人类命运共同体研究 [J]. 邵阳学院学报（社会科学版），2017，16（6）：59-64.

李岁月. 试析人类命运共同体的传统文化意蕴 [J]. 甘肃理论学刊，2017（5）：11-15.

张静，马超. 论习近平人类命运共同体思想对中华传统文化的传承与超越 [J]. 学术论坛，2017，40（4）：150-155.

王义桅. 人类命运共同体的内涵与使命 [J]. 人民论坛·学术前沿，2017（12）：6-12.

谢文娟. "人类命运共同体"的历史基础和现实境遇 [J]. 河南师范大学学报（哲学社会科学版），2016，43（5）：39-46.

国际活动常态化：增进国际公众合作的上海经验

杨 晨 余 越*

【摘要】 举办国际活动是城市开展国际公关工作的一个有效途径，但这一方式的选择和实施会受到某些主客观因素的制约。本文尝试对城市国际公关概念进行界定，并以上海市 30 年来举办的系列国际活动作为考察对象，分析其常态化的特点和实现条件，以从中获得相关启示。

【关键词】 城市国际公关；国际公众合作；国际活动；常态化；上海

Normalization of International Activities: Shanghai's Experience in Enhancing International Public Cooperation

YANG Chen   YU Yue

Abstract   While organizing international events is an effective way for cities to carry out international public relations work, the implementation of this approach is subject to certain subjective and objective factors. This paper attempts to define the concept of the international public relations of cities, through the observation of a series of international activities held in Shanghai during the past 30 years. The authors analyzed the characteristics and conditions of the normalization of this concept to obtain relevant enlightenment.

Keywords   International Public Relations of Cities; International Public Cooperation; International Activities; Normalization; Shanghai

1. 城市国际公关的概念

城市国际公关概念是城市公关概念的延伸。中文文献显示，徐斌（1988）较早地使用了"城市公关"这一概念，指出"城市公关是城市管理机构这个特定组织的公共关系。具体来说，城市公共关系是城市管理机构为了求得公众理解、信任，协调内外关系，在公众中树立起良好形象，保证其政策、行动顺利实施，根

---

* 杨晨，上海外国语大学公共关系学系主任，博士、副教授；余越，上海海关学院团委书记，副教授。

据合理原则与方法采取的一项管理活动"。应该说，在公共关系学引进之初，就能关注到城市公关业务并提出这样一个比较科学的定义，是颇有见地的。之后，关于城市公关的文章不断发表，城市国际公关的概念也随之出现。随着中国城市国际公关实践的日益活跃，相关理论的研究需要进一步拓展和深入。

按照居延安提出的公共关系"三要素说"来理解城市公关/城市国际公关的概念是一个简明路径，已有研究者们也大都是这样做的：把城市作为行为主体，相关公众作为对象，传播沟通作为方式。郝志新提出城市公关主要由公关行为人（城市组织和个人）、目标公众（城市内外公众）、作用介质（城市硬软件环境）三部分构成的观点。在城市公关研究中引入城市硬件、软件环境加以考察，这是一个有管理意义的思考。

对20世纪初至1976年的472个公共关系定义做过专门研究的美国学者雷克斯·F.哈洛，给公共关系概念下了这样的定义："公共关系是一种独特的管理功能，它能帮助建立和维护一个组织与其各类公众之间传播、理解、接受和合作的相互联系。"我国自考统编《国际公共关系》教材的公共关系定义是："公共关系是组织机构从事公众信息传播、关系协调、形象管理的调查、咨询、策划和实施的一种实践活动。"结合这两种具有一定权威性的提法，笔者给城市国际公关定义为：城市国际公关是指以某一城市作为行为主体，通过信息传播、关系协调和形象管理，促成与维护国际公众合作的活动。

与以往定义相比，这一定义的不同在于手段和目标方面的变化。以往的定义一般是把传播沟通作为手段，把提升城市形象作为目标。本文把提升城市形象前移为手段之一，把促成与维护国际公众合作作为目标，尽量使其兼顾公共关系的基本原理和中国文化特点，并直指城市国际公关工作的动力和价值所在。

城市国际公关包括对城市国际形象的建设和对国际目标公众的沟通两方面工作内容。城市国际形象的建设中，城市的硬件环境（公共设施）和软件环境（公共服务）的建设是基础条件；国际目标公众的沟通中，各界精英走访、在对象国投放城市形象广告、在本市举办各种国际活动是重要途径。国际公众合作的形式，则表现为三个层次：浅层次——旅游观光；中层次——参与国际文体会展活动、各界领袖来访；深层次——留学、投资、建立友好城市、国际组织入驻、定居等。

一个客观事实是，对正面提高一个城市国际知名度和吸引国际公众合作有较大促进作用的途径，当是举办大型国际活动。国际活动属于国际公众合作形式的中层次，可行性高，参与者多，又有浅层次和深层次难以获得的全球媒体集中报道的优势，于是成为城市国际公关工作的重要选项。

2. 上海市举办的国际活动及其特点和条件

本文所说的国际活动，专指在公共关系观念指导下开展的国际文化、体育、会议、展览（以下简称文、体、会、展）活动。我国出现具有这样一种属性的国际活动，一般而言，是在改革开放后公共关系从海外引进国内之后的事情。所以，我们把考察的起点选定为上海市公共关系协会成立的 1986 年。此后 30 年间，上海市举办过的重大国际活动（包括国际组织入驻）项目情况见表 1：

表 1 1986~2015 年上海市举办的重大国际活动项目一览表

名称	时间	规格	公众
上海电视节	1986 年 12 月创办	中国第一个国际电视节，现已成为亚洲规模最大、最有影响力的综合性国际电视节活动。开始时两年一届，从 2005 年第 11 届起改为每年一届	首届有 16 个国家 18 个城市的 23 家电视台、制片公司以及中国众多电视台的代表近 400 人参加
上海市市长国际企业家咨询会议	1989 年 10 月创办	每年举办一次。规模一般在 500 人左右，中方 40%，外方 60%	成员最初来自 7 个国家，2015 年增加到 16 个国家
首届东亚运动会	1993 年 5 月	东亚运动会联合理事会主办的东亚规模最大的综合性运动会，每四年一届	有 9 个国家及地区的 1283 名选手参加比赛
上海国际电影节	1993 年 10 月创办	当今世界 9 大 A 类竞赛型国际电影节活动之一，中国第一个获国际电影制片人协会认可的全球 15 个国际 A 类电影节之一，和戛纳国际电影节、威尼斯国际电影节、柏林国际电影节等著名电影节齐名。开始时每两年举办一届，从 2001 年第五届起改为每年举办一届	吸引了近万名中外电影制作人及影星到访，成为上海系列节事活动中一个闻名中外的文化领域国际传播交流活动品牌
第 11 届世界中学生运动会	1998 年 10 月	首次在欧洲以外的国家举行。由国际中学生体育联合会主办，限 17 岁以下的在校中学生参加的国际综合性运动会，1990 年以前每两年一届，后改为每四年一届	有 28 个国家和地区的 1300 多名运动员参加比赛
第 5 届《财富》全球论坛	1999 年 9 月	是《财富》全球论坛第一次在中国举办。由全球商业新闻领导者美国《财富》杂志主办，出席者仅限于各大跨国企业的董事长、总裁、首席执行官及高级管理人士，不定期举行	
上海国际艺术节	1999 年 11 月创办	由中国文化部主办，上海市人民政府承办的国家级国际艺术节，是我国最高规格的对外文化交流节庆活动之一，每年举办一届	
上海之春国际音乐节	2001 年 4 月创办	每年举办一次	
上海合作组织（SCO）成立	2001 年 6 月	永久性政府间国际组织。是迄今唯一在中国境内成立、以中国城市命名、总部设在中国境内的区域性国际组织	2015 年有成员国 6 个，观察员 6 个，对话伙伴国 6 个
2001 年亚太经合组织（APEC）会议	2001 年 10 月	亚太经合组织是亚太地区最具影响力的经济合作官方论坛，也是亚太地区最高级别的政府间经济合作机制，总部设在新加坡。这是首次在中国举行	目前有 21 个正式成员和 3 个观察员

续表

名称	时间	规格	公众
F1 中国大奖赛	2004 年起承办	由国际汽车运动联合会（FIA）主办的当今世界最高水平的赛车比赛，与奥运会、世界杯足球赛并称为"世界三大体育盛事"。上海是中国唯一一个承办这项赛事的城市	2004 年收视率达 600 亿人次
上海国际田径黄金大奖赛	2005 年 9 月创办，2010 年改名国际田联钻石联赛	国际田联正式批复的室外赛事之一，中国举办的国际顶级田径大赛，世界一流单项体育赛事。年度排名前 40 位的选手方具参赛资格	
2006 年 A1 汽车大奖赛中国总决赛	2006 年 4 月	由国际汽联（FIA）批准的首个世界级国家杯赛，级别仅次于 F1 汽车赛事	25 个国家派出车队参赛，累计有 8 万人次观看
第 8 届世界短池游泳锦标赛	2006 年 4 月	由国际游泳联合会主办的在 25 米游泳池里进行的世界锦标赛，每两年举办一次	共有 117 个国家和地区的 1045 名优秀选手参加比赛，观众达 42000 人
环崇明岛女子国际公路自行车赛	2007 年起举办	洲际顶级赛事，每年举办一届。2010 年承办国际自行车联盟女子公路世界杯赛，属亚洲首次举办	2007 年有 10 个国家和地区的 14 支队伍共 77 名运动员参加
第 12 届世界特殊奥林匹克运动会	2007 年 10 月	这是世界夏季特殊奥林匹克运动会（以下简称特奥会）首次在亚洲和发展中国家举办	创造了特奥会规模之最，世界 170 多个国家和地区的 1 万多名特奥运动员、教练员，2 万多名运动员家长、专家学者和嘉宾以及 3 万~4 万名志愿者参加
浦江创新论坛	2008 年 5 月创办	科技部和上海市人民政府共同主办，每年举行一次	2012 年创立主宾国机制。近年每届都吸引 10 多个国家和地区的政界、学界、企业界知名人士参加，境内外主流媒体广泛报道
上海世界博览会	2010 年 5~10 月	世界博览会（以下简称世博会）从 2000 年起每五年举办一次。中国第一次举办	246 个参展方，累计参观人数 7308.44 万人，单日最大客流 103.28 万人，创造了世界博览会史上最大规模纪录和参观人数之最
第 14 届世界游泳锦标赛	2011 年 7 月	由国际泳联总会主办的最高级别的大型国际性游泳赛事。是迄今为止在中国举办的唯一一届世界游泳锦标赛	有 181 个国家和地区的近 3000 名运动员参加比赛
第四次亚信峰会	2014 年 5 月	每四年举行一次。本次峰会由习近平主席主持，联合国秘书长潘基文参会	现有成员国 26 个，观察员国和组织 12 个
第 19 届跳水世界杯	2014 年 7 月	由国际泳联主办的世界最高级别的跳水单项赛事，每两年举办一次	
金砖国家新开发银行	2014 年 7 月成立，2015 年 7 月开业	金砖国家组织成员共同建立的国际性金融机构	金砖五国

续表

名称	时间	规格	公众
2015 年世界花样滑冰锦标赛	2015 年 3 月	国际滑冰总会主办的四大世界顶级花样滑冰赛事之一。这是中国第一次举办	
首届"中国杯"世界名校赛艇赛	2015 年 7 月	世界最高水平的高校赛艇赛	10 个国家 26 支大学生赛艇队参赛，牛津、剑桥、耶鲁大学等欧美强队悉数亮相

　　表 1 显示，1986~2015 年上海市举办过的重大国际活动项目不但数量多（表中列出的就有 24 项）、领域广（文、体、会、展都有），而且规格高（许多项目属于国际顶级活动），其中不少还是自主品牌或定点上海常年举办。上海世博会是成功举办的典型国际活动之一，5 年一届的世博会有世界经济、科技、文化奥林匹克盛会之誉，由一个国家的政府主办，规模大、时间长。上海世博会是世博会第一次在中国举办，共有 246 个参展方，在 6 个月的活动时间里参观人数达 7308.44 万人，单日最大客流 103.28 万人，创造了世界博览会史上最大规模纪录和参观人数之最；闭幕日高峰论坛发表了《上海宣言》，倡议将当日日期 10 月 31 日定为世界城市日，并在 2013 年第 68 届联合国大会上获得通过，决议自 2014 年起将每年的 10 月 31 日设立为"世界城市日"，这是中国首次在联合国推动设立的国际日，成为上海世博会提供给世界的一个公共产品。

　　如果把一般性的国际活动也列入，并且分年份和类别进行统计，就会发现上海市举办的各类国际活动数量非常惊人。表 2 是 2016 年上海市举办的国际体育赛事活动项目：

表 2　2016 年上海举办的国际体育赛事一览表

序号	名称	时间
1	2016 "微笑杯"中韩全明星慈善赛	1 月
2	2016 国际滑联上海超级杯短道速滑及花样滑冰队列滑大奖赛	3 月
3	2016 年 F1 中国大奖赛	4 月
4	2016 射箭世界杯赛	4 月
5	2016 上海浪琴环球马术冠军赛	4~5 月
6	2016 中国国际极限运动单车大师赛	5 月
7	2016 环崇明岛国际自盟女子公路世界巡回赛	5 月
8	2016 年国际田联钻石联赛	5 月
9	2016 年"高飞杯"国际体操联合会蹦床世界杯	5 月
10	2016 国际剑联花剑世界杯大奖赛	6 月
11	2016 世界女子水球联赛总决赛	6 月

续表

序号	名称	时间
12	第十三届上海苏州河城市龙舟国际邀请赛	6 月
13	2016 中国（上海）国际青少年校园足球邀请赛	7 月
14	2016 亚帆联杯帆船赛	8 月
15	第八届世界 9 球中国公开赛	8 月
16	2016 上海世界华人龙舟邀请赛	9 月
17	2016 D1 GP 漂移大奖赛中国杯	9 月
18	2016 世界斯诺克上海大师赛	9 月
19	2016 世界房车锦标赛	9 月
20	2016 索道滑水世界杯	10 月
21	2016 中国国际保龄球公开赛	10 月
22	2016 上海 ATP1000 网球大师赛	10 月
23	2016 上海国际马拉松赛	10 月
24	2016 上海国际自由式轮滑公开赛	10 月
25	2016 上海航海模型国际邀请赛	10 月
26	2016 高尔夫世锦赛汇丰冠军赛	10 月
27	2016 国际汽联世界耐力锦标赛	11 月
28	2016 "斯巴鲁杯" 环上海国际公路自行车赛	11 月
29	2016ASC 亚洲极限滑板冠军赛	11 月
30	2016 世界女子冰壶冠军巡回赛（上海大师赛）	11~12 月
31	2016 "永业杯" WDSF 大奖赛总决赛	12 月

可见，上海市单是 2016 年举办的国际体育赛事活动就有 31 项之多，除了 2 月是春节月无国际体育赛事以外，每个月都有举办国际体育赛事活动，10 月举办的国际体育赛事更是多达 7 项。如此众多的国际体育赛事在上海市举办，有利于通过实地体验和大众传播，增进众多海外运动员和来宾与上海运动员及市民之间的友谊，展示上海市的体育运动优势形象；并与其他领域的国际活动形成合力，对增进国际公众对上海市的多方面了解及信任，会产生很好的助推作用。另外，《上海统计年鉴》显示，上海市每年举办的国际会展都在 200 次以上。

这样，国际活动常态化就成了上海市举办国际活动的一大特点。为了保证国际活动得以经常性、常规性举办，上海市政府相关部门从两个方面加以推进：一是争取 16 个市辖区做到每个区都有国际活动项目落地，这可以通过引进，也可以通过升级来实现；二是将比较成熟的、影响力大的国际活动项目缩短举办周期，如上海电视节、上海国际电影节由两年举办一次改为一年举办一次。这些做法使上海市举办的文、体、会、展各类国际活动具有很大的稳定性和连续性。经过调研发现，上海市每年举办的国际活动数量在国内所有城市中位居榜首，上海市成为国际活动之都。

上海市之所以能够实现举办国际活动常态化，与其得天独厚的硬件、软件环境条件是分不开的。硬件环境条件体现在地理位置、经济中心、人口规模、公共交通等优势上，软件环境条件体现在国际意识、对外交流资源、全球城市定位、国际活动经验等优势上。

从地理位置优势来看，上海位于中国海岸线的中点，是长江的入海口。1984年成为14个沿海开放城市之一，1990年浦东新区开放，2013年上海自由贸易试验区揭牌。

从经济中心优势来看，上海是全国的经济中心，经济总量全国第一，并拥有世界货物吞吐量最大的港口。上海成为世界各国了解中国的窗口。

从人口规模优势来看，上海作为全国人口的聚集地之一，城区人口现有2400多万，在全国城市城区人口数量数一数二。

从公共交通优势来看，2017年上海浦东国际机场、上海虹桥国际机场旅客吞吐量分别位居全国十大机场的第二位和第七位；城市轨道交通里程数位居全球第一。

从国际意识优势来看，近代的上海是引进和传播西方科学的中心，是中西文化交流的桥梁。20世纪上半叶，上海来自58个国家的外籍居民曾多达15万人（约占当时上海人口的4%）。上海形成了"海纳百川、追求卓越、开明睿智、大气谦和"的城市精神。2013年起对45个国家的公民实行72小时过境免签政策。上海是中国国际化程度最高的城市，也是外籍人才眼中最具吸引力的城市。

从对外交流资源优势来看，除了北京之外，上海是外国官方机构入驻最多的城市。截至2012年底，上海拥有73个国家的总领事馆，20个国家的76家媒体在上海常驻，在52个国家拥有71个友好城市或地区，欧美、日韩、澳大利亚等发达国家和地区的地方政府在上海设有办事处；外籍居民17.3万人，外国留学生5.1万人。

从全球城市定位优势来看，2016年，李克强总理主持国务院常务会议通过《长江三角洲城市群发展规划》，明确提出"提升上海全球城市功能"的发展目标，上海作为"全球城市"的定位被写入了国家级规划文件。

从国际活动经验优势来看，1972年中美发表《上海公报》、1986年创办中国第一个国际电视节、1989年创办上海市市长国际企业家咨询会议、1993年举办首届东亚运动会等，上海市比较早地积累了组织各类大型或高规格国际活动的经验，提升了国际交往的能力。

3 启示

3.1 国际活动的引进和创办

首先，要摆正城市形象与国际活动之间的关系。城市形象的基础是城市实力，即能够提供举办国际活动所需的物质条件，包括拥有一定的旅游等资源；知名度是第二位的要素。所以，如果城市实力和旅游等资源不足，也希望通过举办国际活动来提升城市知名度和吸引力，达到发展旅游业、招商引资的目的，就是一种在逻辑上错误、在实践中勉强的认知和行为。当然，如果具备了一定的财力和资源，并成功地举办国际活动，则会有利于提升市的声誉，也只有在这种情形下，城市形象和国际活动才是互为促进的。大型或综合性国际活动多是在发达国家和地区举办，就是这个原因。

其次，国际活动有承办和创办两种获得路径。众所周知，举办国际活动是城市开展国际公关工作的一个有效途径，但国际活动的获得不是一件容易的事情。通过分析表 1 发现，1986~2015 年上海举办的 24 项重大国际活动项目中，承办项目有 17 项，创办项目有 7 项（上海电视节、上海国际电影节、上海国际艺术节、上海之春国际音乐节、环崇明岛女子国际公路自行车赛、上海市市长国际企业家咨询会议、浦江创新论坛），这说明国际活动除了走引进承办之路以外，还可以走创办升级之途。中国改革开放 40 多年来的经济发展有目共睹，国际社会希望中国承担起更多的责任和义务；加上中国西部大开发战略的推进，国内城市申办成功的国际活动项目越来越多。同时，我们也要有分享本土文化的意识和能力，通过发掘、培育和升级，向国际社会提供更多的自创活动品牌项目。

3.2　国际活动的固定化和常态化

举办国际活动的常态化是增进国际公众合作的一种理想状况，但目前只有一线城市容易做到。更多的城市应该把单项国际活动固定化作为目标，条件好的城市立足于扩大其数量。也就是说，上海市举办国际活动常态化的经验难以复制，但可以选择性学习，比如把单个国际活动项目固定化，进而做成国际品牌。另外，几个城市合办或连办某一项国际活动，使其固定化、品牌化，也是一个可行之路。

现实中也已涌现出越来越多这样的成功案例，比如：成都举办"西部国际博览会""《财富》论坛"；琼海举办"博鳌亚洲论坛"；南宁举办"中国—东盟博览会"；长春举办"东北亚博览会"；大连和天津轮流举办"夏季达沃斯论坛"；鄂尔多斯举办"库布齐国际沙漠论坛"；贵阳举办"生态文明国际论坛"；苏州、杭州、澳门等先后举办"太湖世界文化论坛"；银川举办"中国—阿拉伯国家博览会"；乌鲁木齐举办"中国—亚欧博览会"；等等。

3.3　基于国际公众合作形式的多样性开展城市国际公关工作

学理告诉我们，城市国际公关的目标是促成与维护国际公众合作，国际公众合作的形式是多样化的，分为三个层次：浅层次——旅游观光；中层次——参与国际文体会展活动、各界领袖来访；深层次——留学、投资、建立友好城市、国际组织入驻、定居等。即使是国际活动，也分文、体、会、展几大类，每一类又有综合性和单一性的区别。所以，一个城市促成与维护国际公众合作的实现形式需要根据该城市的具体条件加以选择，而不拘泥于某一种。

需要强调的是，城市开展国际公关活动的主体不只是政府，国际惯例偏爱市场化和专业化运作。这样做不仅可以让政府减负，更重要的是能够让国际公众看到我们的城市管理是一个井然有序的、各司其职的法治社会的形象，进而取得信任与合作。当然这一做法难度很大，但我们要学习尽量弱化政府色彩的国际传播沟通方式。城市日益成为国际公众交往合作的"文明浮萍化"场所，也需要我们提高对发展环境的调整与适应能力。

参 考 文 献

徐斌. 浅谈城市公共关系管理 [J]. 财经研究，1988（2）：15-16.

郝志新. 我国城市公关现状：理论、问题与策略研究 [J]. 科技和产业，2013（8）：11-12.

[美] 斯各特·卡特里普. 公共关系教程 [M]. 北京：华夏出版社，2001：101-111.

郭惠民. 国际公共关系 [M]. 沈阳：辽宁大学出版社，2005：98-101.

上海市政协对外友好委员会. 提升上海对外交流影响力促进现代化国际大都市建设的建议 [J]. 公共外交（季刊），2014（2）：24-26.

吴友富，等. 上海公共关系30年发展报告 [M]. 北京：中国财政经济出版社，2017：202-204.

国家统计局网站，http://www.stats.gov.cn/tjsj/tjgb/ndtjgb/.

[英] 阿诺德·汤因比. 历史研究 [M]. 刘北成，郭小凌，译. 上海：上海人民出版社，2005：131-114.

副省级城市在国家形象构建中的"外溢"效应[*]

张　鹏[**]

【摘要】改革开放以来，在中国的城市序列中，15 个副省级城市和国家社会与经济发展计划单列市（简称"计划单列市"）发挥了重要作用。这些城市被国家赋予了省一级经济管理权限。经过新中国成立之后的三轮城市社会与经济发展计划单列安排和调整，目前，大连、青岛、宁波、厦门和深圳这五个非省会城市仍保留计划单列，同时列入副省级城市序列。国家有选择地对一些城市在社会和经济领域进行计划单列，对于这些城市的外事或对外关系发展而言，有明显的"外溢"效应，如上述计划单列城市在对外经贸、吸引外资和对外投资领域皆有突出表现。同时，城市社会与经济发展的计划单列也促成了城市在外事、侨务、友协和港澳台事务，外宣和对外文化交流，海关口岸出入境及其他垂直条线等几大方面外事工作体制机制上的"外溢型"升格和调整。同时需要指出的是，从横向比较角度而言，各计划单列市的外宣体制机制建设并不整齐划一，在外宣效果上也有差别。

【关键词】计划单列；城市外宣；城市对外关系；国家形象

The "Spill-over" of Sub-Provincial Municipalities in the Modeling and Communicating of China's Image

ZHANG Peng

Abstract　Since the Reform and Opening-up from 1978, urban economy has played an important role in China's social and economic development. The sub-provincial municapalities and the municipalities separately listed on the state plan (Separate-planning Cities hereafter) have been given provincial level economic management authority by the state. After three rounds of economic and social development plan adjustment of China's cities, at present Dalian, Qingdao, Ningbo, Xiamen and Shenzhen as five "Separate-planning Cities" also included in the 15 Sub-provin-

*　上海市哲学社会科学基金青年项目"提升中国对外关系展开中的城市参与度研究"（2017ECK002）；上海外国语大学校级一般项目"中国对外关系展开中的城市参与研究"（20161140035）。
**　张鹏（1986—），男，江苏盐城人，上海外国语大学国际工商管理学院副教授，硕士生导师。学术兴趣：城市国际化。地址：上海市虹口区大连西路 550 号 5 号楼 521 室，邮箱：zhangpeng@shisu.edu.cn。

cial Municipalities. This practice has had obvious spill-over effects in foreign affairs, such as the cities in foreign trade and attracting foreign direct investment and foreign investment. At the same time, the "Separate-planning" policy has also contributed to adjustment and upgrading of these cities' foreign affairs, Hong Kong, Macao and Taiwan-relatedaffairs, international public relations and foreign cultural exchanges, the port of entry and exit and other fields. It should also be noted that these "Separate-planning cities" demonstrate difference in the system and effectiveness of their foreign-oriented communication.

Keywords Separate-planning Cities; International Public Relations; Foreign Affairs at City Level; China's Image

1. 引言

现有的副省级城市以及作为副省级城市的国家社会与经济发展计划单列市（以下简称"计划单列市"）是改革开放的产物。在近十年来中国由"省域经济"向"城市群经济"转型的过程中，这些城市又发挥了新的作用。副省级城市的"前身"是计划单列市，计划单列意味着把"省级经济管理权限直接下放给特定城市，把特定城市的财政和税收直接纳入国家计划"。[①] 因此，计划单列首先是一个经济管理概念。改革开放以来，特别是 20 世纪八九十年代，计划单列市在数量上随着国家和地方省市发展的需要，经历了不少调整。特别是 1993 年 7 月 2日，中共中央印发《关于党政机构改革的方案》（以下简称《方案》）和《关于党政机构改革方案的实施意见》。《方案》规定：除重庆、深圳、大连、青岛、宁波、厦门仍保留计划单列市外，其余省会城市不再实行计划单列。[②] 之后，以 1994 年中央机构编制委员会发布并施行中编〔1994〕1 号文件为标志，明确之前已被列为计划单列城市的省会城市取消计划单列，同时设立"副省级城市"，原有 14 个计划单列市和杭州市、济南市共 16 个市被正式确定为副省级城市。再到 1997 年重庆市直辖，自动失去计划单列市身份。20 年来，大连、青岛、宁波、厦门和深圳这五个非省会城市仍保留计划单列，同时列入副省级城市序列。[③]

总体上，在改革开放各阶段，国家有选择地对一些城市在社会和经济领域进

---

① 史宇鹏、周黎安：《地区放权与经济效率：以计划单列为例》，载《经济研究》2007 年第 1 期，第 19 页。
② 俞荣新：《新中国成立以来我国计划单列市的历史演进》，载《党史文苑》2014 年第 4 期，第 52 页。文章同时提到，1994 年 5 月，中央机构编制委会第六次会议指出："将计划单列市确定为副省级市，加强了省级机构统筹规划和协调的地位和作用，减少了省与计划单列市之间因权限划分不清引起的矛盾和扯皮。副省级城市中仍实行计划单列的，按照有关规定继续享受原有的管理权限；不再实行计划单列的，原来中央赋予的权限原则上暂不改变；对原来不是计划单列的，其权限需要调整变动的，由所在省和中央有关部门协商后确定。"
③ 目前，中国的副省级城市是指 1994 年中央编办确定的深圳、广州、厦门、南京、杭州、宁波、武汉、成都、西安、济南、青岛、大连、沈阳、长春、哈尔滨 15 个城市（重庆因 1997 年直辖而不再列入）。随着时代发展，中国的副省级行政区划目前还有上海浦东新区和天津滨海新区，以及伊犁哈萨克自治州。21 世纪以来，中国国内的国家级新区建设次第展开，在经济管理权限的赋权上各有探索。2017 年设立的雄安新区，其党工委主任兼管委会主任已位列河北省委常委。

行计划单列，对于这些城市本身的外事或对外关系发展而言，有明显的"外溢"效应，特别是涉外经济领域，上述城市在对外经贸、吸引外资和对外投资领域皆有突出表现。在最新的国家总体外交外事工作重要部署中，副省级城市也被单列。① 本文的主要任务，则是论证城市社会与经济发展的计划单列也促成了城市在外事、侨务、友协和港澳台事务，外宣和对外文化交流，海关口岸出入境及其他垂直条线等几大块面外事工作体制机制上的升格和调整。特别是对大连、青岛、宁波、厦门和深圳这五个计划单列市的城市外宣工作进行总体案例研究，以验证副省级城市在国家形象构建中的"外溢"效应如何在中央和地方两个层面实现。

2. 副省级城市计划单列的"外溢"逻辑

"外溢"（Spillover）是功能主义理论（Functionalism）中的重要概念，被广泛应用于社会学、政治学与国际关系学研究。功能主义理论对欧洲一体化进程初期阶段和"二战"后国际组织的大发展产生了极大影响。时至今日，许多活跃在世界上的国际组织仍有明显的功能主义印记。"二战"后社会学功能主义流派从功能主义理论到新功能主义的发展，特别是其对"外溢"概念的修正和发展值得政治学与行政学等相关学科领域予以关注。这里的"外溢"类似于香槟酒从上到下、从一到多地在香槟塔上流动。新功能主义批评米特兰尼功能主义的自动衍生或扩展性（Doctrine of Ramification）逻辑过高估计了功能合作的效应。② 新功能主义强调，"外溢"不是一个自动过程，而是一个能动过程。它的实现依赖于一系列基本变量与条件的成熟，否则就会发生"环溢"（Spill-around）或"溢回"（Spill-back）等现象。"外溢"概念是新功能主义的核心概念，后来的新功能主义理论发展可以说是围绕这一概念发展的。③ 本文认为，"外溢"效应对某一社会领域的发展形成了明显的"增量"（Increment）效果，在对外关系上也是如此。④

我们必须承认，计划单列（Independent Planning Status）概念源自计划经济时代，新中国在 20 世纪五六十年代即实行过两次城市计划单列。⑤ 改革开放后，

① 如 2018 年 6 月 22~23 日召开的中央外事工作会议中，"各省市区"和"计划单列市"并列，组成"各省市区和计划单列市"，由负责同志参加会议。

② 米特兰尼功能主义的自动衍生或扩展性（Doctrine of Ramification）逻辑参见 David Mitrany, A Working Peace System: An Argument for the Functional Development of International Organization [M]. Chicago: Quadrangle Books, 1966: 56.

③ 潘忠岐:《新功能主义扩溢理论及其批判》，载《上海交通大学学报》（哲学社会科学版），2003 年第 5 期，第 9~10 页。也有相关研究对"外溢"概念进行再细分，认为"外溢"包括功能性外溢、技术性外溢和政治性外溢等，参见房乐宪:《新功能主义理论与欧洲一体化》，载《欧洲》，2001 年第 1 期，第 13-16 页。至于"后功能主义"的"管辖权再造"，参见李明明:《后功能主义理论与欧洲一体化》，载《欧洲研究》，2009 年第 4 期，第 33-45 页。

④ 参见张鹏:《作为中国主场外交"增量"的民间对外关系》，第十届"金仲华国研杯"研究人员组获奖论文，已进入《国际展望》审稿阶段。

⑤ 笔者尚未发现计划经济时代在经济管理领域苏联或当时的其他社会主义国家设立计划单列市的资料。已发现的文献中指出，20 世纪 60 年代的重庆计划单列，只"在很有限的几个方面具有相当于省的计划、经济管理权"，这应当也是 20 世纪五六十年代计划单列市的普遍情况。参见白和金:《重庆市的"计划单列"与计划体制改革》，载《经济与管理研究》1984 年第 4 期，第 15-16 页。

重庆市于 1983 年成为第一个在新的历史时期进行经济体制改革试点的计划单列市。① 当时国家和地方对于计划单列的理解是："第一，把重庆作为一个相当于省一级的计划单位，在国家计划中单列户头；第二，在国家计划中，对所有计划指标，包括经济、科技、社会发展，都对重庆实行单列；第三，在制定和执行计划、管理经济上，赋予重庆相当于省的权力。"② 1985 年 12 月《国务院办公厅转发体改委、国家计委关于继续落实和完善七城市计划单列工作报告的通知》，对计划单列市的权限进行了明确说明："计划单列市和省级计划单位一样，拥有省级经济管理权限，在国家计划中单列户头，其经济和社会发展各项计划全面单列，直接纳入全国计划综合平衡、统筹安排，并直接参加全国性的各种经济活动。"③ 目前，大连、青岛、宁波、厦门和深圳五个城市皆为 1984~1988 年获国务院批准，在经济和社会发展方面纳入全面计划单列范畴。④

有意思的是，这些中国城市一旦在经济管理权限上被纳入国家计划单列范围，获得的不仅仅是经济效率提升，改革成效还显著"外溢"到社会福利领域。⑤

既然在逻辑和实证上经济领域的计划单列能够对增进社会福利产生"外溢"效应，那么在城市外事（Foreign Affairs）或对外关系（External Affairs）领域，中国的计划单列市又会有怎样的变化呢？计划单列在大连、青岛、宁波、厦门和深圳五个城市外事领域的"外溢"效应如何体现，是本文的研究重点。进一步来说，本文将城市外宣纳入城市对外关系范畴，对中国五个计划单列市外宣体制机制建设进行案例考察。

3. 五个计划单列市外事管理领域的"外溢型"扩权

为什么说五个计划单列市能够在外事领域获得"外溢型"扩权，这主要是对标中央外事工作领导小组的建制和一般地级市的外事工作而言。首先，观察中央层面的外事工作领导小组建制，可以明显发现，中央外事层面的重心是国家安全。⑥ 作为计划单列市，其外事工作大量延展和"外溢"到经济和社会领域。其

① 参见《中共中央、国务院原则批准中共四川省委、省人民政府〈关于在重庆市进行经济体制综合改革试点意见的报告〉》，1983 年 2 月 8 日。

② 参见《国务院办公厅转发四川省人民政府转报的〈关于贯彻落实中央指示搞好重庆市综合改革试点的报告〉的通知》，1983 年 4 月 4 日。

③ 参见《国务院办公厅转发体改委、国家计委关于继续落实和完善七城市计划单列工作报告的通知》（国办发〔1985〕89 号）。文件同时指出"在经济体制改革新形势下的计划单列，同六十年代曾实行过的计划单列有很大的不同。它是作为发挥大城市经济中心作用的一项重要措施提出来的"。

④ 具体时间分别为大连市（1984 年 7 月 13 日批准）、青岛市（1986 年 10 月 15 日批准）、宁波市（1987 年 2 月 24 日批准）、厦门市（1988 年 4 月 18 日批准）、深圳市（1988 年 10 月 3 日批准）。

⑤ 参见史宇鹏、周黎安：《地区放权与经济效率：以计划单列为例》，载《经济研究》2007 年第 1 期，第 17–28 页。文中还提到了一个比较生动的例子，根据对原国家体改委周少华司长的说法，在计划单列之前，重庆市的企业如果第二天要给工人加班费，就必须连夜坐火车到成都去请求批示，在计划单列之后显然不再需要这么做了。

⑥ 目前，中央外事工作领导小组（中央国家安全领导小组）的组成人员，除组长、副组长、秘书长由国家主席、副主席、主管外事的国务委员担任外，组员分别来自中宣部、中联部、外交部、国防部、公安部、国家安全部、商务部、国台办、港澳办、国新办、国侨办。从组成人员构成来看，重心在国家安全领域。

次，观察一般地级市外事工作，我们发现因其经济管理权限无法与计划单列市相提并论，缺少海关、口岸、出入境检验检疫等垂直条线外事管理方面的有力抓手，相对而言，五个计划单列市在这个层面上又获得了外事领域的"外溢型"扩权。以下对这两个层面的由计划单列引发的外事领域"外溢型"扩权进行进一步研究和举证。

前文中已提到，大连、青岛、宁波、厦门和深圳五个城市是目前仍然存在的五个计划单列市，改革开放以来国家对于计划单列市的调整如表 1 所示：

表 1　改革开放以来中国计划单列市设立、取消和简况*

序号	计划单列市	起始时间	取消计划单列身份时间	2017 年城市常住人口**（万人）	2017 年国内生产总值总量***（亿元）
1	重庆	1983 年 2 月 8 日	1997 年 3 月 14 日	3075.16	19500.27
2	武汉	1984 年 5 月 21 日	1994 年 2 月 25 日	1089.29	13410.34
3	沈阳	1984 年 7 月 11 日	1994 年 2 月 25 日	829.40	5865.00
4	大连	1984 年 7 月 13 日	—	698.70	7363.90
5	广州	1984 年 10 月 5 日	1994 年 2 月 25 日	1449.84	21503.15
6	哈尔滨	1984 年 10 月 5 日	1994 年 2 月 25 日	955.00	6355.00
7	西安	1984 年 10 月 5 日	1994 年 2 月 25 日	905.68	7469.85
8	青岛	1986 年 10 月 15 日	—	929.05	11037.28
9	宁波	1987 年 2 月 24 日	—	801.00	9846.90
10	厦门	1988 年 4 月 18 日	—	401.00	4351.18
11	深圳	1988 年 10 月 3 日	—	1252.38	22438.29
12	长春	1989 年 2 月 11 日	1994 年 2 月 25 日	748.90	6530.00
13	成都	1989 年 2 月 11 日	1994 年 2 月 25 日	1604.50	13889.39
14	南京	1989 年 2 月 11 日	1994 年 2 月 25 日	833.50	11715.10
15	杭州	—	1994 年 2 月 25 日明确为副省级城市	946.80	12556.00
16	济南	—	1994 年 2 月 25 日明确为副省级城市	732.12	7201.96

注：* 杭州、济南两市数据在虚线框内标出，两市并未在改革开放后列为计划单列市，而是在 1994 年与已有的 14 个计划单列市被中央编办通过中编〔1994〕1 号文件明确为副省级城市。

** 资料来源为各城市 2017 年国民经济与社会发展统计公报，城市人口为该市常住人口，其中大连 2017 年公报中人口数据为户籍人口，因此采用其 2015 年常住人口数据。各城市户籍人口数据可查民政部：《中华人民共和国行政区划简册（2017）》，中国地图出版社 2017 年版。

*** 资料来源为各城市 2017 年国民经济与社会发展统计公报。

资料来源：作者根据材料自行整理。

如表 1 所示，大连、青岛、宁波、厦门和深圳五个计划单列市，无论在人口指标还是经济总量上都能够与副省级省会城市相当，大连、青岛两市在经济水平上甚至要超出所在省份的副省级省会城市。人口集聚是城市化水平的象征，经济繁荣是城市对外关系发展的基础，那么，计划单列市在外事和对外关系领域的配套改革和权限情况，特别是与其在经济管理上享有省一级权限相比较，是怎样的情形呢？

为回答这个问题，这里首先对本文使用的城市"外事领域"（Foreign Affairs Administration Divisions）[1] 概念进行辨析，并形成分析框架。理解城市外事领域，可以用"两步走"的方式：一是城市外事管理在"总体外交"或"大外事"中的位置；二是城市具体的外事领域可能分为哪些层次。

本文认为，从一般意义上讲外事，各外交外事部门应是一个整体，中央政府和地方政府的外事部门处于同一个大的系统之中，这在理论上被理解为"总体外交"[2]，在中国的实践中体现在党对外交外事工作的统一领导。因此，本文所说的城市外事管理（也有相关研究表述为"城市外交"），首先是宏观的中国外事管理或"大外事"的一部分。中国学者对"外事管理"的定义是："一种具有宏观性质的行政管理，是对包括外交在内的一切涉外行政事务的管辖和处理。"[3] 并给出了中国外事管理的五条基本原则：第一，维护国家主权和利益的原则；第二，对外开放原则；第三，外事工作授权有限原则；第四，内外有别原则；第五，国际主义原则。[4] 也就是说，广义上的对外事务（Foreign Affairs）"是相对国内事务而言的，泛指一切涉外事务"。[5] 这些表述能够帮助外事研究者和实务工作者理解"大外事"，但还没有细分"外事领域"。

夏书章教授在 20 世纪 80 年代主编的《行政管理学》对"外事管理"（Foreign Affairs Administration）的概念规范是："外事管理是行政机关对涉外事务进行管理，建立和保护正常的对外关系。它包括外交活动管理、对外经济贸易活动管理、对外文化交流管理以及国际旅游活动管理。"[6] 这一表述已涉及指导对城市具体外事领域的划分。随着改革开放的深化发展，党和政府对外事领域的理解和分类也在与时俱进，如 2012 年 11 月，中国共产党第十八次代表大会召开，大会报告文本中明确表示："我们将积极参与多边事务，推动国际秩序和国际体系朝着公正合理的方向发展。我们将扎实推进公共和人文外交，维护我国海外合法权

---

[1] 这一译法参考了上海市人民政府外事办公室英文版官方网站对其各内设机构的英文翻译，本文对"外事领域"这一中英文概念的使用则要超出外办内设机构的范畴，是从城市的整体对外关系层面谈"外事领域"，接近于经济学研究中的"国民经济部门"概念。

[2] 唐家璇在 1998 年接受《人民日报》采访时曾这样表述"总体外交是形势发展的需要和必然。当前形势下的外交早已超过了狭义的外交概念，而是包括政治、经济、科技、文化、军事、民间等多个领域的总体外交，内涵深刻，需要各方通力合作，共同奋斗"。转引自张毅君：《说"总体外交"》，载《世界知识》2000 年第 6 期，第 40 页。

[3] 王福春：《外事管理学概论》，北京大学出版社 2003 年版，第 8 页。

[4] 同上，第 78—80 页。

[5] 黄金祺：《外交外事知识与技能》，世界知识出版社 1997 年版，第 5 页。

[6] 夏书章主编：《行政管理学》，山西人民出版社 1985 年版，第 56 页。

益。我们将开展同各国政党和政治组织的友好往来，加强人大、政协、地方、民间团体的对外交流，夯实国家关系发展社会基础。"这一表述从党中央的高度，将外事领域分为国家、党际、人大、政协、地方、民间团体等块面。落实到城市具体的外事领域，同样具有鲜明的指导意义。另外，1998 年 8 月，中共中央、国务院决定撤销"国务院外事办公室"，组建"中央外事工作领导小组办公室"（以下简称"中央外办"）。中央外办作为中央外事工作领导小组办事机构，列入中共中央直属机构序列。这也在体制机制上给地方省市设立党委统一领导下的外事工作领导小组树立了样板。

根据党对外事的统一领导原则，从实践层面而言，目前，国内大中城市党委以及一些县级市党委都普遍成立了城市外事工作领导小组，城市具体的外事领域划分可以参照城市党委外事工作领导小组成员安排进行梳理。五个计划单列市的市党委外事工作领导小组情况如表 2 所示：

表 2　五个计划单列市的市党委外事工作领导小组情况

序号	计划单列市	外事工作领导小组全称	外事工作领导小组组长、办公室主任
1	大连	大连市委外事工作领导小组	市委书记、市外（侨）办主任
2	青岛	青岛市委外事工作领导小组	市委书记、市外办主任
3	宁波	宁波市委外事工作领导小组	市委书记、市外办主任
4	厦门	厦门市委外事工作领导小组、厦门市侨务工作领导小组	市委书记、市外（侨）办主任 市委副书记、市外（侨）办主任
5	深圳	深圳市委外事（港澳事务）工作领导小组	市委书记、市外办主任

注：本表为作者自行整理。整体而言，各计划单列市外事工作领导小组的组成人员总体上对标了中央外事工作领导小组组成人员所在部门，但增加了许多经济和科教文卫职能部门，与省级行政单位的外事工作领导小组规模一致。与一般地级市相比，在体制机制上更加健全。

通过对五个计划单列市外事工作领导小组工作内容、组织结构的观察，结合城市外事领域的理论划分，可以将计划单列市的"外事领域"用表 3 表示：

表 3　计划单列市的"外事领域"结构

层次	内容	计划单列市相关机构配置	备注
1	国家安全、公共安全、外事侨务友协、港澳台事务	在国防上，青岛、厦门、深圳设警备区，大连、宁波设军分区；国安、公安出入境、外事、侨务、友协建制齐全；港澳台事务建制齐全	目前正在进行警备分区改革
2	对外宣传、对外文化（包括科教文卫体）交流、外专、旅游发展	对外宣传办公室建制明确；对外文化交流、旅游发展特色显著	

层次	内容	计划单列市相关机构配置	备注
3	对外经济贸易和国际金融、对外援助、外资外汇管理	属于对外经贸交流、利用外资和对外投资的区域中心城市； 城市承接国家对外援助项目，有对外援助培训基地落户	
4	海关、口岸、海事、边防、出入境检验检疫等涉外垂直管理领域	全部属于海关总署直属海关、国家一类口岸城市； 边防检查总站试点城市（厦门、深圳）； 出入境检验检疫建制完整	
5	涉外社会组织管理等其他外事工作	有国际组织落户、国际化社区管理经验	

注：本表为作者自行整理。主要划分依据参考了五个计划单列市外事工作领导小组工作内容和组织结构等。

尽管目前还没有计划单列市探索外事领域的"大口党委制"[①]，以及在实际工作中省市外事工作领导小组属于决策机构还是咨询机构仍有认识上的不统一[②]，但就计划单列市的外事工作领导小组工作内容和组织结构，以及计划单列市的"外事领域"规模和分类而言，在体制机制上对不断"外溢"的城市外事管理进行创新型统筹安排，已经具备相应基础。总的来说，表2、表3呈现出计划单列市外事工作的"多元一体"性质，即根据城市外事工作领导小组的组织结构和工作内容，可以抽象出城市"外事领域"的多元化，但这种多元化本身又是一体化的，从经济到社会，无论城市外事内容如何"外溢"，都不会离开党对外事的统一领导。

从经济管理领域"计划单列"中的涉外条目，到城市外事侨务、城市外宣和对外文化、城市对外经贸及投融资、城市涉外垂直管理和涉外社会组织管理的全面铺开，改革开放以来，五个计划单列市外事管理领域的"外溢型"扩权不仅在范围上明显加强，在内容建设上也需要不断顺应时代发展，做出及时和合规的调整。总揽计划单列市的外事工作，既需要加入大量经济社会发展的实务性内容，又不能完全类比中央外事工作的高度政治性；还需要与自身拥有的省级经济管理权限相适应，抓住计划单列市外事管理领域的"外溢"部分，与一般地级市拉开

[①] 大口党委制在上海这座超大城市已行之有年，目前上海的大口党委有：科技工作党委、教卫工作党委、建设交通工作党委、金融工作党委、经信工作党委、合作交流工作党委、社会工作党委、市级机关工作党委、国资委党委和市场监管工作党委。大口党委作为市委的派出机构，将全市的政府部门和机构按照产业或行业划分为若干大口，由市委派出的大口党委进行归口管理。根据《中国共产党章程》，"党的中央和地方各级委员会可以派出代表机关"，这是大口党委设置的依据所在。

[②] 参见郭文博：《我国外事管理体制存在的问题及其解决对策——以黑龙江省为例》，黑龙江大学硕士学位论文，2016年。该论文作者从实际工作角度出发，认为黑龙江省委外事工作领导小组属于省外事工作中的咨询机构，理由是省委外事工作领导小组"负责传达中央外事精神"。省政府因"负责制定外事年度活动方案、签署与国外友好省州交流协议等"，是省级外事管理的决策机构，省委、省人大则在地方党际交往、地方议会交往中有决策权。本文认为，黑龙江省委外事工作领导小组在省外事工作中的地位问题值得商榷，需要更充分的实地调研进行求证。

距离。这对于计划单列市的外事管理者而言，是存在政治智慧方面考验的课题。

4. 计划单列市外宣体制机制建设的案例考察

前文中已提到，计划单列市"外事领域"的多元一体，作为城市"外事领域"中的重要一环，对外宣传工作因"媒体融合"时代的到来，面临诸多机遇与挑战。计划单列在外事领域的"外溢"效应同样体现在外宣领域，这主要体现在中央外宣体制内的计划单列地位，自有内外组织机制的完善健全，而外宣领域又实质上是中国国家形象构建的最主要阵地。突出表现如大连、青岛、宁波、厦门和深圳五个计划单列市外宣体制上的相对健全；深圳、厦门的卫视节目机制；大连、青岛、宁波等副省级城市的报业合作等。

理解城市外宣，首先要把握城市整体的宣传体制机制，将对外宣传作为整体宣传工作不可分割的一部分进行考察。经过对五个计划单列市党委宣传部本级组织机制情况的梳理，特别是对城市党委宣传部门主要领导任职情况进行研究，可整理出如表 4 所示的城市党委宣传部门一般组织结构。

表 4　城市党委宣传部门主要领导任职情况

序号	宣传部系统内职务	其他党政及企事业单位职务	备注
1	宣传部部长	市委常委、市文明委主任	
2	宣传部常务副部长	市文明办主任、市网信办主任	各城市网信办主任兼任情况不一
3	宣传部副部长	市外宣办主任、市新闻办公室主任	
4	宣传部副部长	市文化广电新闻出版局局长	
5	宣传部副部长	市党委机关报社书记、社长；报业集团董事长	各城市兼任情况不一
6	宣传部副部长	市广播电视总台书记、台长；广电集团董事长	各城市兼任情况不一
7	其他宣传部部务会议成员	纪检组组长、局级巡视员等	

注：本表为作者自行整理。本表制表参考了青岛市、安阳市、义乌市等副省级、地级、县级城市关于市党委宣传部门主要领导任职情况的公开资料。青岛市委宣传部将宣传组织结构分为部领导、宣传部、文明办、外宣办和讲师团。

以青岛市为例，其城市外宣的主管部门具体落实到"市委外宣办（市政府新闻办）"，该办公室下设两个处：综合处、对外宣传处。其中，对外宣传处的职责是："负责邀请、接待中央、省涉外新闻单位和海外记者来青采访报道工作；负责组织新闻发布工作；负责我市城市形象的对外宣传推介工作，组织拍摄城市形象宣传片，并选择中央和省级强势媒体进行宣传推介；负责组织开展对外新闻宣传，在海外举办'青岛电视周''青岛新闻专版'等；负责组织全市的对外文化交流活动，通过组织开展对外文化交流及民间文化交流活动，扩大我市的对外影响；负责全市重大节会活动和大型对外推介会的对外宣传和新闻报道工作。"① 作为五个计划单列市之一，青岛市的做法在城市外宣自有组织建设中有其代表性。

按照《新中国对外宣传史：构建现代中国的国际话语权》一书的表述，到党的十八次全国代表大会之前，新中国的对外宣传工作经历过六个阶段。② 由于目前的计划单列市皆在改革开放后的第一个十年成立，对大连、青岛、宁波、厦门和深圳五个计划单列市外宣体制的建立影响较大的是 1990 年前后的党和国家对外宣传体制机制的调整。

1990 年 10 月 29 日至 11 月 4 日在北京召开的"全国对外宣传工作会议"，首次明确提出对外宣传是"国家整体外交的组成成分"。全国各省、自治区、直辖市、计划单列市和中央、国务院有关部门负责人出席会议。这也是改革开放后"计划单列市"首次出现在全国性重要涉外事务工作会议中，体现出这些城市在中央对外宣传体制内的计划单列地位。③ 这次会议召开的背景是 1990 年中央对外宣小组的恢复。1991 年，"中央不仅决定恢复对外宣传小组，而且独立起来"，"出于工作的需要，中央又决定中央对外宣传小组在国务院挂一个名，就是'国务院新闻办公室'"。"1992 年，'中央对外宣传小组'变为'中央对外宣传办公室'"。2004 年，又成立了"中央对外宣传工作领导小组"，"说明中央更加重视加强对外宣传"。④

目前，在大连、青岛、宁波、厦门和深圳等计划单列市外宣体制上，都在党委宣传部设有独立的对外宣传办公室（对外宣传办公室主任同时是市委宣传部副部长），青岛、厦门和深圳三市在政府序列中同时设有新闻办公室。⑤ 这些机构具体负责对接全国对外宣传工作会议。⑥ 计划单列市还积极加入到一些其他全国性城市外宣会议平台中，如 2011 年起由中央人民广播电台发起的城市外宣年度协作会议等。

计划单列市不仅在中央外宣体制内有计划单列地位，在计划单列市的外宣自

---

① 参见中共青岛市委宣传部官方网站"青岛宣传网"：http://www.qdxc.gov.cn/，检索时间：2017 年 7 月 24 日。

② 姚遥：《新中国对外宣传史：构建现代中国的国际话语权》，清华大学出版社 2014 年版。这六个阶段分别是："一边倒"：20 世纪 50 年代的对外宣传；"两面反"：60 年代的对外宣传；"一条线"：70 年代的对外宣传；"不结盟"：80 年代的对外宣传；"伙伴关系"：90 年代的对外宣传；"和谐世界"：21 世纪初的对外宣传。

③ 参见姜华宣、张蔚萍、肖甡：《中国共产党重要会议记事（1921—2011）》，中央文献出版社 2011 年版。

④ 参见申宏磊、于淼、崔斌箴、沈晓雷：《对外宣传工作应改革开放而生——专访新时期外宣事业的开拓者朱穆之》，载《对外传播》2008 年第 11 期，第 6 页。

⑤ 一般来说，市委对外宣传办公室、市新闻办公室的职能是："贯彻市委、市政府关于对外宣传的方针、政策和统筹规划全市对外宣传工作；负责市委、市政府新闻发布；组织、协调、负责全市对外宣传报道；组织城市整体形象对外宣传活动的策划、协调和实施；负责外宣品的制作、对外宣传口径的把关；规范全市新闻网络宣传管理；组织协调对外文化交流；负责驻市新闻机构的联络、管理，市外、境外新闻记者来采访的联系、安排和管理。"

⑥ 1990 年全国对外宣传工作会议召开之后，1997 年因迎接香港回归，召开过一次会议。1999~2012 年，全国对外宣传工作会议每年召开（2013 年及 2013 年之后无公开资料显示全国对外宣传工作会议仍单独召开），其开会时间一般被安排在全国宣传部长会议/全国宣传思想工作会议之后或会议期间。

有组织机制等方面，如深圳、厦门的卫视节目机制，也是计划单列市外宣工作特有的资源。卫视是卫星电视的简称，是利用通信卫星传送和转播电视节目的电视系统。电视节目从某个地面站发往通信卫星，再转发到其他地面站，地面站收到信号后传送到当地电视台转播。卫视通过平台技术落地海外。[①] 到目前为止，卫视的对外传播（特别是能够在海外落地，形成对外传播终端）效果和便捷程度，是远远优于其他方式的。[②] 作为计划单列市，深圳和厦门抓住卫视发展机遇，在2004~2005 年申请获批开办了深圳卫视、厦门卫视[③] 这样的城市卫视。在当时是继 1999 年中国 31 家省级卫视全部完成上星工作之后，首次打破每个省份只有一个卫星电视频道的格局，这既为深圳、厦门的城市外宣工作搭建了全新的平台，又有力配合了国家的外宣需要。经查证，截止到 2017 年 6 月底，中国境内以城市命名开设的卫视频道仅有深圳卫视、厦门卫视和三沙卫视。[④] 通过长城平台，深圳卫视和厦门卫视已实现全球主要国家和地区的电视信号覆盖。

深圳卫视于 2004 年 5 月 28 日正式"上星"，是国内第一个"上星"的城市卫视，卫视落地海外，已"成为中国在海外华人中最具影响力的省级卫视频道之一"[⑤]。深圳市委、市政府将广播电视事业为代表性内容的文化产业，作为继高科技、金融和物流之后的第四大产业进行发展。中国广播电视学会主办的《中国广播电视学刊》曾明确介绍："深圳卫视全面对接港澳，承担着对外宣传任务"，"其《直播港澳台》节目向港、澳、台观众宣传'一国两制'在香港、澳门的成功实践，负有在重大事件发生时充分传达最主流声音的责任。"[⑥] 应当说，这一"外宣任务"，已远远超出了城市外宣本身的内容和范畴，但这样的安排，可谓充满政治智慧。

厦门卫视是中国境内"第一个以闽南方言为主的卫星频道"，"以传递两岸资讯推动两岸交流为己任"。[⑦] 厦门卫视也是厦门广播电视集团"事业板块"的核心组成部分。根据公开资料，2003 年 11 月 24 日，经国家广电总局和中央文化体制改革试点工作领导小组办公室审核，总局正式批复《厦门广播电视体制改革试

[①] 目前，境内卫视通过中视国际传媒（北京）有限公司提供的"长城平台"进驻海外，长城平台是由中央电视台、地方电视台和相关境外电视台的频道集成的海外播出平台。经国家广播电影电视总局批准，中国国际电视总公司所属的中视国际传媒有限公司负责长城平台海外落地项目的运营。目前，长城平台已经在美国、亚洲、欧洲、加拿大和拉丁美洲落地，并将向大洋洲和世界其他地区扩展。

[②] 参见徐红蔚：《无远弗届：试论电视与新媒体在对台对外宣传上的融合》，载《东南传播》2013 年第1 期，第 31-33 页。

[③] 2005 年 2 月 1 日，厦门卫视的前身海峡卫视开播，2005 年 10 月，海峡卫视和厦门卫视分立，目前福建省有东南卫视、海峡卫视和厦门卫视三家卫视频道。

[④] 另有以延边卫视为代表的以少数民族自治州名称命名的卫视频道。其他较为特殊的在名称上与行政区划有关的卫视还有康巴卫视、兵团卫视等。

[⑤] 张琪：《前沿中国：深圳卫视发展战略》，载《深圳大学学报》（人文社会科学版）2010 年第 1 期，第 151 页。

[⑥] 参见《中国广播电视学刊》2008 年第 8 期扉页。另参加专门分析《直播港澳台》栏目的文章，如陈红艳：《从〈直播港澳台〉看省级卫视新闻节目成长空间》，载《新闻传播》2010 年第 6 期；张春朗：《地缘优势：卫视新闻竞争力——以深圳卫视〈直播港澳台〉为例》，载《新闻战线》2012 年第 9 期。

[⑦] 阎小荔：《以开放的名义双赢——厦门卫视两岸新闻交流备忘录》，载《两岸关系》2009 年第 3 期，第 49 页。

点工作实施方案》。2004 年 6 月 28 日，厦门广播电视集团作为全国文化体制改革的第一批试点单位正式挂牌成立。目前，在厦门广播电视集团"事业板块"中，厦门卫视是六大业务部门之一，通过长城平台已实现对亚洲、欧洲、美国、加拿大、拉丁美洲的覆盖，完全对标省级卫视开展工作。[①]

大连、青岛、宁波三个计划单列市虽无卫视频道，但三市外宣领域在中国城市中同样具备一定的"地缘优势"。

计划单列市作为副省级城市，也广泛参与到副省级城市报业合作机制中。移动互联网时代的到来，使媒体在各个方向上的融合成为城市外宣领域的迫切需要。由于计划单列市"副省级"身份带来的"外溢效应"，目前，各副省级城市之间的报业合作交流机制丰富。例如 2005 年东北地区的哈尔滨、长春、沈阳、大连四市报业合作，2010 年全国 15 家副省级城市报业集团高峰论坛机制成形，并于 2013 年通过《全国副省级城市报业集团高峰论坛章程》等。

从外宣角度而言，目前大连、青岛、宁波、厦门这四个计划单列市及其他副省级城市在外文报纸和报纸海外版建设上还有发展空间，深圳则在此方面有比较完整的建制，1997 年深圳即已创刊深圳日报英文版 *Shenzhen Daily*，在城市英文报方面走在了副省级城市的前列。

5. 结语

中国是一个大国，又是一个具有内部多样性特征的国家，孕育出大量既统一、又多元的地方和城市文明。"南橘北枳"的典故说明中国内部自然环境上的差异；"56 个民族是一家"唱出了不同民族共同构成了中华民族大家庭；东部、东北、中部、西部四大经济板块的划分又表明中国地区间发展状况不一；各种方言、饮食、服饰、戏剧、建筑构成识别地方特色的文化表征等。在城市总量上，根据《中华人民共和国行政区划简册（2016）》提供的数字，目前中国境内有 4 个直辖市、291 个地级市和 361 个县级市。[②] 这些并非学理化的描述和易于观察的现象，使无论是生活在中国的普通人，还是对中国有所了解的外国人，都能不同程度地体会到中国各地明显的差异性。随着在全世界范围内的人口向城市集聚，城市文明在国家、民族和文化代表性方面的地位空前提高。对于发展中的中国而言，超大城市和特大城市的发展仍有巨大空间。有些中国城市已从整体上向全球城市[③]迈进。

大连、青岛、宁波、厦门和深圳成为计划单列市是中国改革开放的产物，这

---

① 参见厦门广播电视集团官方网站：http：//xmg.xmtv.cn，检索时间：2017 年 7 月 23 日。
② 中华人民共和国民政部编：《中华人民共和国行政区划简册（2016）》，中国地图出版社 2016 年版。实际上，每一年中国的行政区划都有不少调整，城市数量呈现上升趋势。"镇级市"甚至"村级市"的讨论都已不鲜见。
③ 全球城市被认为是"具有全球经济、科技、信息、文化资源配置能力，全球综合服务功能和世界发展潮流引领带动力的现代化国际大都市"。全球城市必然在某一种或某几种资源上具备全球资源配置的能力。参见张鹏：《论中国超大城市的国际资源整合能力》，载《国际观察》2017 年第 1 期。

些城市在经济管理领域的计划单列，使它们在对外经贸、涉外投资等城市经济外事管理方面首先获得突破，并对其外事侨务、外宣外文、涉外垂直管理部门发展及涉外组织管理等城市"外事领域"的发展产生了明显的"外溢"效用，事实上让这些城市获得了大量城市外事管理方面的"外溢型"扩权。同时，随着全球化时代的深化发展以及分化重组，全球城市网络越来越成为全球政治经济体系中的重要一环，城市国际形象与国际公关的使命，已直接摆在城市外宣部门的面前。计划单列市外宣体制机制建设在中央外宣体制内拥有与之相适应的计划单列地位，自身内外组织机制完善，一些城市还发展出外宣领域的自身特色。计划单列市各外事领域的管理经验能否为其他城市所吸收并加以创新，甚至为其他国家城市所借鉴，相信也能够成为中国城市治理体系为世界其他城市治理体系提供的具有理论和实践价值的贡献。

同时需要指出的是，从横向比较角度而言，大连、青岛、宁波、厦门和深圳五个计划单列市的外宣体制机制建设并不整齐划一，在外宣效果上也有差别。这些城市在探索符合自身发展实际的各项外事领域管理经验方面，还有巨大的学习互鉴空间。

参 考 文 献

申宏磊，于淼，崔斌箴，沈晓雷. 对外宣传工作应改革开放而生——专访新时期外宣事业的开拓者朱穆之 [J]. 对外传播，2008（11）：28-29.

史宇鹏，周黎安. 地区放权与经济效率：以计划单列为例 [J]. 经济研究，2007（1）：41-44.

吴友富. 中国国家形象的塑造和传播 [M]. 上海：复旦大学出版社，2009：121-124.

姚遥. 新中国对外宣传史：构建现代中国的国际话语权 [M]. 北京：清华大学出版社，2014：120-124.

基于案例分析的公众需求层次理论研究

束亚弟 *

【摘要】公众作为公共关系的对象，是一个群体。群体如同个体，也是有需求且可分层次的。通过案例分析，我们知道公众需求的三个层次：生理需求、安全需求、尊重需求。我国古代之所以爆发农民起义，是因为农民这一公众的生理需求无法得到满足；厦门 PX 项目争议事件，FDA、警察、国防等政府机构的成立，都足以证明公众的安全需求是客观存在的；消费者是企业最重要的公众之一，消费者权利的获取与法律确认，体现了公众也是需要尊重的。

【关键词】公众需求层次；公众生理需求；公众安全需求；公众尊重需求

Research on Hierarchy of Public Needs based on Case Analysis

SHU Yadi

Abstract The public, as object of public relations, is a group. Just like individuals, the group also has needs, and the needs are hierarchical. Through case analysis, we can get the hierarchy of public needs: physiological needs, safety needs and esteem needs. One of the reasons forthe outbreak of peasant uprisings in ancient times is the unsatisfied physiological needs of peasants. The PX issue of Xiamen, and establishment of institutions like FDA, police department and department of defense all strongly prove the existence of public safety needs. Consumers are one of the most important publics of enterprises, and the acquisition and legal validation of consumers' rights also testify the esteem need.

Keywords Hierarchy of Public Needs; Public Physiological needs; Public Safety Needs; Public Esteem Needs

---

* 束亚弟（1983—），男，安徽当涂人，滁州学院经管学院讲师，学术兴趣：形象管理、品牌管理。地址：安徽省滁州市琅琊区滁州学院南校区经济与管理学院，邮箱：370125139@qq.com。

1. 引言

公共关系的最终目标落在形象方面。公关主体若能够掌握其公众的需求，从公众需求的角度出发进行形象管理活动，相信其成果必然是卓著的，这如同市场营销的"消费者中心"。

2008 年，汶川大地震，举国悲痛。公众的同情心被充分地激发起来了，公众对灾区进行援助的需求强烈，这不仅体现在本身对灾区的捐赠，而且体现在乐意见到与其相关的组织的支持。此时，王老吉（现加多宝）捐赠 1 亿元，成为第一家捐赠亿元的企业。王老吉的捐赠行为，深入了其公众（主要是顾客）内心需求，获得了公众的极大认可，企业和产品形象一下树立起来。同时，给企业产品的营销带来了极大的促进效应。

2. 概念辨析与文献综述

2.1　概念辨析

形象在现代社会中的重要性不言而喻。事实上，不论个人，还是组织，都需要形象，离不开形象管理。社会组织一般划分为三大类：政府、企业、非营利组织（NPO），每个类别都对应了相应的管理学科：政府—行政管理、企业—工商管理、非营利组织—公共事业管理，每个管理学科都离不开以形象管理为核心的公共关系学。从这个意义上来说，公共关系学体系非常庞大，研究和应用范围也非常广阔。具体如图 1 所示：

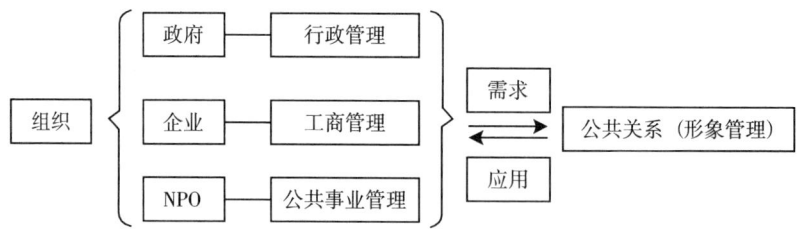

图 1　公共关系的应用

这也给公共关系学带来了一个附加产品：各个领域的研究并非齐头并进的，而且各领域是可以互相借鉴的，但有时也难免需要对某些概念进行辨析。其中，最核心的是公众需求与公共需求。

在西方经济学中，有公共品（Public Goods）概念，是指与私人品（Private Goods）对应的，具备非排他性、非竞争性的物品，比如路灯、公园等。公共需求（Public Needs）即描述了满足社会公共利益的，具有不可分割性的共同利益的需求。换言之，即社会对公共品的需求。这里的"社会"，当然是某些主体的公众。比如，政府建公园就是满足市民游憩的需求；国防与警察是为了满足国民的安全需求。

但公众需求比公共需求的概念要广阔，从公众的范畴便可得知。就公关主体政府来说，有内部公众和外部公众、自然人公众和法人公众等，其公众之一的民众也是可以划分为各种不同类型的。事实上，讨论公众需求，不仅仅是政府主体，还有企业与非营利组织两类主体。这都是公共需求所无法囊括的。公共需求与公众需求的关系如图 2 所示：

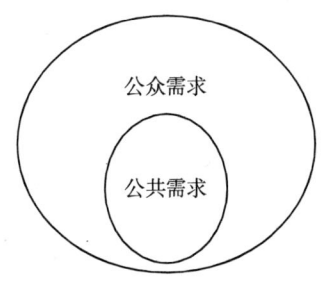

图 2　公共需求与公众需求的关系

2.2　文献综述

公众需求与个体需求存在差异，两者不可等同。个体需求的特征体现在：个别、分散、差异且一般通过个体力量满足；而公众需求的特征是：普遍、集中、共性且通过集体与公共力量满足。不仅如此，公众需求与个体需求跟公共产品与私人产品不能对等（柏必成，2014）。公众需求的重要特征是变化性，改革开放以来，伴随我国社会整体步入小康社会，公众需求呈现新特点：单一走向多元；数量到质量的转变（李宗开，2011）。虽然是从政府管理的角度论证了公众需求的内涵和特征，但都准确击中要义。但是仍具有一定的局限性：公众需求范畴的准确，模糊了公共需求与公众需求的关系，或者意识到但最终未能明确。

马斯洛的需求层次理论是研究公众需求的理论基石，部分研究均借鉴了该理论。基于马斯洛需求层次理论，我们提出公众信息需求的形成模型，并对满足模式进行了描述。此外，借用新浪网的信息服务进行案例分析，对信息服务与公众信息需求层次进行了一一对比（陈伟大等，2006）。在政府服务领域，公众对公共服务的需求也是分不同层次的，至少可以分为三大类：第一类是"守住底线"的公共服务，第二类是"最大公约数"的公共服务，第三类是"最理想"的公共服务（唐钧，2015）。

政府作为主体，其公众有一重要需求——环境需求，由于出现过环境群体性事件，学者也对此进行过专门研究。公众需求是变化的，公众对环境的需求也是不断增长的，这伴随着经济收入的增长，物质生活的改善，人们对环境及与此相关的健康需求强烈，这都形成了社会力量。这归结为马斯洛效应，导致近年来的环境群体性事件（吴大磊，2014）。事实上，环境需求属于公众的安全需求之一。与此同时，洪芳（2014）通过对环境群体性事件的深入研究，探讨了环境群体性事件发生的心理形成机理，分析了环境群体性事件中公众的安全需求、利益需求、信息需求和公正性需求四个方面的需求。这与马斯洛需求层次理论类似，体现了公众需求的层次性。当然这侧重于单一的环境需求。

还有学者通过调研对公众需求进行了层次分析。董惠敏等（2015）通过微信公众平台和全国调研网络，调查了 31 个省级行政区，基于个体到群体，调研了归属、自主、胜任三种基本的心理需求。其结果表明：公众归属需求满足度最高，而自主需求满足度相对低；收入、伴侣、学历等影响群体心理需求；社会发展与社会主义核心价值观及迁徙自由度影响基本心理需求满足度；当热衷于参与公共事务与奉献时，归属需求满足度高；当追求竞争与抗压能力强时，胜任需求满足度高；当创新意识强时，自主需求满足度高。

对于公众需求，需要从主体角度进行追寻，即不同的主体对应不同的公众群体，差异的公众对应差异的需求。当前的研究多集中于从政府角度研究公众需求，把政府作为公关主体，研究政府的公众需求为公众需求的研究提供了思路和方向。

3. 理论基础

3.1　马斯洛需求层次理论

1943 年，美国心理学家亚伯拉罕·马斯洛在其论文中提出需求层次理论，具体包括：生理需求、安全需求、社交需求、尊重需求、自我实现需求五个层次。生理需求主要包括食物、空气、睡眠、性需求等；安全需求主要包括人身安全、财产安全、心理安全等；社交需求主要包括友情、亲情等；尊重需求主要包括自尊、成就、自信等；自我实现需求主要包括理想抱负的实现及人生各种能力的实现。

3.2　公众等于个体的总和

马斯洛需求层次理论主要探讨和应用的是在个人层面的需求。在公共关系中，公众是具有共同特征的一个群体，由于公众数量巨大，如何研究群体的需求是复杂的。借鉴西方经济学的分析框架，在讨论市场需求和市场供给的时候，采取个体汇总求和的方法。故而，公众需求等于个体需求之和。换言之，公众需求与马斯洛的各层次需求密切相关。

3.3　公共品及公共需求理论

虽然公共关系学的公众研究较其他学科更广泛，但成熟度低。即便如此，其他学科对公众及公众需求的研究，为公共关系中这个主题的研究提供思路和支持，如经济学中对公共需求的研究，从经济学角度研究了其需求特征及最佳供给。

4. 案例分析

4.1　公众生理需求

我国古代历史上爆发了非常多次的农民起义，从最早的陈胜、吴广起义到近代的太平天国运动，起义的导火索各种各样，但起义的原因基本相同，要么是封建统治者的横征暴敛，要么是自然灾害的肆虐，抑或是两者的综合影响。尤其是封建统治者的横征暴敛，在灾荒年代，进一步挤压了农民的生存空间，把农民逼入了死胡同。我国历代较大规模的农民起义如表1所示：

表 1　我国历代较大规模农民起义

时期	起义	领导者
秦末	陈胜、吴广起义	陈胜、吴广
西汉末	绿林、赤眉起义	王匡、王凤，樊崇
东汉末	黄巾农民起义	张角
隋末	瓦岗寨农民起义	翟让、李密
唐末	黄巢农民起义	黄巢
元末	元末农民起义	朱元璋、韩山童
明末	明末农民起义	李自成、张献忠
清末	太平天国起义	洪秀全

在历次农民起义军中，领导者不一定是农民，甚至可能是官员或流寇，但参与者均为最广大的农民，即封建统治者的公众。事实上，在封建社会小农经济的背景下，我国农民是自给自足，没什么要求和诉求的。只有在温饱都无法得到保障的情况下，才会揭竿而起，冒着被杀头的危险奋起反抗封建统治者。

（1）绿林、赤眉起义。

汉元帝，初元元年，"六月，以民疾疫，令大官损膳，减乐府员，省苑马，以振困乏"；"九月，关东郡国十一大水，饥，或人相食，转旁郡钱、谷以相救"；初元二年，"六月，关东饥，齐地人相食"；永光五年，"秋，颍川水出，流杀人民"。[①]

汉成帝，建始二年，"夏，大旱"；建始三年"秋，关内大水"；建始四年，"大水，河决东郡金堤"；甚至改年号为河平，但河平元年春三月，"河决东郡，流漂二州"；河平三年春二月丙戌，"犍为地震、山崩、雍江水，水逆流"；阳朔二年，"秋，关东大水，流民欲入函谷、天井、壶口、五阮关者，勿苛留"；鸿嘉

---

①《汉书·元帝纪第九》。

三年夏，"大旱"；鸿嘉四年，"秋，勃海、清河河溢，被灾者振贷之"。①

事实上，西汉末年，各地农民起义已经不断发生，到绿林、赤眉起义算大规模的起义了。汉成帝时期，阳朔三年，"夏六月，颍川铁官徒申屠圣等百八十人杀长吏，盗库兵，自称将军，经历九郡"；鸿嘉三年冬十一月，"广汉男子郑躬等六十余人攻官寺，篡囚徒，盗库兵，自称山君"，至鸿嘉四年，"冬，广汉郑躬等党与浸广，犯历四县，众且万人"。永始三年，"十一月，尉氏男子樊并等十三人谋反，杀陈留太守，劫略吏民，自称将军"；"十二月，山阳铁官徒苏令等二百二十八人攻杀长吏，盗库兵，自称将军，经历郡国十九，杀东郡太守、汝南都尉"。②

到了托古改制后的王莽时代，理想主义的政策外加强制的货币改革及对外政策导致民不聊生。王莽曰"今更名天下田曰'王田'，奴婢曰'私属'，皆不得买卖。其男口不盈八，而田过一井者，分余田予九族邻里乡党"③，即井田圣制，禁止田产和奴婢的买卖；男子不足八口之家，田不得超过一井，超过者，需将余田分配给九族乡邻。地主因此被得罪；而且缺乏强制措施，地主拒绝交出田产，农民只是画饼充饥，空欢喜一场也不会满意。王莽时期的货币改革也是失败的："盲目推行花色繁多却没有信用的各种新货币"，"企图通过严刑峻法强制推行"。其对外政策也很混乱，比如为了凑齐四海郡，胁迫羌人献出青海湖一带的土地设立西海郡。同时，为强制移民，增加了五十条法令，以便增加成千上万的罪犯，满足移民的需要。④其对外政策也招致内外的不满。

王莽的乱政及残酷压榨，加上一连串的天灾：旱灾、蝗灾、瘟疫、黄河决口改道等，在灾荒和人祸的积累下，民不聊生，各地纷纷起义。很多人抢大户、劫府库等以满足自己的日常饮食。这样的行为必然受到政府的打击，其中的较大规模者，形成了绿林军和赤眉军，合称绿林、赤眉起义。

公元17年，南方荆州闹饥荒，百姓不得不到沼泽地区挖野荸荠充饥。人多野荸荠少，引起了争夺。新市人王匡与王凤，因调解而受到拥护，被公推为首领。王匡、王凤组织饥民起义，也有一些犯人投奔。起义军占领绿林山为根据地，攻占附近的乡村，发展到七八千人，此为绿林军。赤眉军与绿林军类似。

（2）李自成起义。

明朝末年，陕西米脂天灾人祸连绵不绝。饥荒之初，百姓采山间蓬草而食，蓬草绝后，挖草根、啃树皮以果腹。连绿色植物都吃光了，最后只好吃青膏泥，导致无法消化与排泄，以至于活活胀死。"陕西饥民苦加派，流贼大起，分掠郿州、延安"。事实上，不仅陕西米脂，灾害普遍发生，仅崇祯元年五月因旱而"祷雨"；七月"壬午，浙江风雨，海溢，漂没数万人"；九月"丁卯，京师地震"；甚至连封建王朝统治的基础军队都发生了"诸部饥"，但却"告籴，不许"。⑤在这样的背景下，农民不得不为了生存而揭竿而起。普遍的饥荒也形成了

---

① ②《汉书·成帝纪第十》。
③《汉书·王莽传第六十九中》。
④《葛剑雄写史：中国历史的十六个片断》。
⑤《明史·本纪第二十三》。

各地农民纷纷响应的局面。

崇祯二年（1629），李自成在随部队守卫京师的途中，因参将克扣军饷而杀参将和当地县令，发动兵变。之后入汉中，参加了农民起义军。历经数年，于崇祯六年，参加了其舅父、农民起义军之一的"闯王"高迎祥的部队，号称"闯将"。崇祯八年，众多农民起义军在河南荥阳召开荥阳大会，李自成提出"分兵定向、四路攻战"方略，获得认可和实施。其中，李自成、张献忠率部攻下了南直隶凤阳，而毁了凤阳皇宫。同时，李张矛盾，李自成分兵入甘肃。崇祯十年，明将杨嗣昌提出"四正六隅、十面张网"策略，农民起义军深受打击。其中，张献忠投降，李自成兵败，仅率 17 人躲入商洛山中。

崇祯十三年，李自成趁明军攻打再次叛明的张献忠，率军入河南。当时，河南大饥荒，开仓而赈饥民。同时，提出"均田免赋"口号，并形成民歌"迎闯王，不纳粮"，借助小孩之口传唱而得以广泛传播。最终，一呼百应，应之者如流水，形成百万大军。最终，于崇祯十七年三月攻入北京，崇祯皇帝于景山自缢身亡，史称甲申之变，明亡。[①]

（3）总结。

我国封建社会的历史循环，农民起义起到了重要的作用。一个朝代的末年，往往因天灾人祸而老百姓无法生存。最基本的衣食都是无法得到任何保障的，其结果只能是死路一条，那不如陈胜所言，"今亡亦死，举大计亦死，等死，死国可乎"[②]，故而农民起义一呼百应。"壮士不死即已，死即举大名耳"，精明的知识分子也是看到了朝代的更迭，为"大名"而带领起义军。这样，轰轰烈烈的农民起义就有了主要躯体和领导者，开启了战争与朝代的更迭。农民起义是"贯穿于整个封建社会的一根最为敏感而又脆弱的政治神经，也是一个难以解开的死结"[③]。这与欧洲中世纪的历史有着显著的差异。

我国的农民是非常温顺的。林语堂时代，我国还是农耕社会占绝对主体，林语堂在其著作《吾国与吾民》（1935 年，美国，英文著）中，对我国国人的性格特征表述为：稳健、忍耐、勤劳、节俭、和平主义、知足常乐等，概括为"老成温厚"[④]。这是对封建社会农民性格特征的概括，也是对公众性格特征的概括。

封建统治者作为古代政府，是天然的公共关系主体。当然，在那个时代没有公共关系的概念和理论，但是有形象管理实践，最早商鞅变法中的"南门立木"就足以说明。而且，越是懂得这个道理的人，越容易获得成功。陈胜吴广起义利用"鱼腹丹书""篝火狐鸣"来成功号召戍卒就是这个道理。

当封建统治者面对这样"老成温厚"的公众时，由于不能满足公众的最基本的温饱需求而造成动乱，实则是缺乏最基本的形象管理意识。这也说明公众如同个人一样，具有最基本的生理需求，体现在食物等方面。在封建社会，当公众的

---

① 《明史·列传第一百九十七》。
② 《史记·陈涉世家第十八》。
③ 顾伯冲：《帝国死结：中国式农民起义》，《中国作家》2013 年第 22 期。
④ 林语堂：《吾国与吾民》，北京联合出版传媒（集团）股份有限公司 2013 年版。

生理需求得不到满足的时候，精明的统治者采取开仓济民、减轻甚至免除赋税杂役的措施，与民以休养生息，获得民众的感恩与支持。反之，当公众的生理需求无法得到满足，而封建政府又不能给予帮助，必然导致公众的激烈反抗，最终会危及封建政权的统治。

4.2　公众安全需求

（1）厦门 PX 项目。

伴随石油工业的发展，从石油中提炼出了种类繁多的化工产品。这给人们日常生活带来了各种便捷，但有时也产生危害。比如，化工产品二甲苯，即对二甲苯（P-Xylene），简写 PX，化学名是 1，4-二甲苯，以液态存在。PX 是化工生产中非常重要的原料，可生产精对苯二甲酸或对苯二甲酸二甲酯，而这两者和乙二醇反应生成聚酯（PET），进一步加工为纺丝生产涤纶纤维和轮胎工业用聚酯帘布。不幸的是，PX 是有害化工品，当人体吸入过量 PX 时，对眼睛及上呼吸道有刺激作用，可能出现急性中毒反应。不仅如此，PX 对孕妇有极强的胎儿致畸率。

2006 年，厦门市计划在海沧半岛兴建 PX 项目，项目由台资企业腾龙芳烃（厦门）有限公司投资，将在海沧区兴建计划年产 80 万吨对二甲苯（PX）的化工厂。厂址设在厦门市海沧投资区的南部工业园区。项目当时号称厦门"有史以来最大工业项目"，将为厦门市贡献 800 亿元 GDP 的产值（占当时厦门市 GDP 的 1/4）。该项目一路通过了国家环保总局的环评报告审查、国家发改委的核准，2006 年 11 月正式开工，计划 2008 年 12 月完工投产。

厦门 PX 项目自立项以来，遭到了许多人的质疑。因为该项目距国家级风景名胜区鼓浪屿仅 7 公里，距离拥有 5000 名学生（大部分为寄宿生）的厦门外国语学校和北师大厦门海沧附属学校仅 4 公里。更重要的是，该项目 5 公里半径范围内的人口超过 10 万，居民区与厂区最近处不足 1.5 公里；而 10 公里半径范围内，覆盖了大部分九龙江河口区，占整个厦门西海域及厦门本岛的 1/5。此外，项目专用码头位于海洋珍稀物种国家级自然保护区，该保护区的珍稀物种包括中华白海豚、白鹭、文昌鱼等。

最终，厦门市政府连续召开两场关于 PX 项目的环境影响评价座谈会，邀请市民代表、人大代表、政协委员等参加，征求意见和建议。会议热烈又不失理性，支持者与反对者热烈交锋①。在充分考虑公众参与的情况下，厦门 PX 项目最后迁址至漳州市的古雷半岛。

厦门 PX 项目事件体现了公共关系主、客体两方从博弈到妥协，再到充分合作，留下了政府主体和民众客体互动的经典范例。在这次事件中，政府作为公共关系主体，充分考虑了民众客体的诉求。民众客体的诉求就在于安全需求。据相关资料分析，即使厦门 PX 项目安全，但每年经由空气挥发的化学品即可达到六七千吨，这弥漫在空气中的化学品会对厦门市民的健康产生明显的威胁。更进一

---

① 资料来源：笔者根据人民网、新华网、凤凰网及百度百科相关资料整理。

步来说，环境的恶化还会影响厦门旅游业的发展，进而对厦门的收入产生长期的潜在负面影响。

事实上，厦门市民的担忧并非空穴来风，搬迁至古雷半岛的该项目，两年内连续发生两起特大爆炸事件：2013 年 7 月 30 日，古雷石化 PX 项目厂区发生爆炸。后来查实，事故原因是一条尚未投用的加氢裂化管线在充入氢气测试压力过程中发生焊缝开裂闪燃。事故无人员伤亡，也无物料泄漏[①]。2015 年 4 月 6 日晚上 7 时左右，福建省漳州市古雷港经济开发区 PX 石化项目发生爆燃事故。经初步了解，33 号装置和周边的常压渣油储罐发生漏油着火事故，现场 2 人重伤，另有 12 人刮伤[②]。

（2）食品安全。

美国近代史上发生过著名的"扒粪运动"，其背景是美国实业界的丑闻和社会的阴暗面。这是自由资本主义到垄断资本主义演变过程中产生的必然矛盾和结果。幸运的是，这促进了公共关系学的发展。

"扒粪运动"的表现之一是扒粪文学的出现，其中最具代表性的是作家厄普顿·辛克莱揭露美国食品业黑幕的小说《屠场》（The Jungle），"工厂把发霉的火腿切碎填入香肠；工人们在肉腔上走来走去并随地吐痰；毒死的老鼠被掺进绞肉机；洗过手的水被配制成调料……"[③]，这描绘的是芝加哥某肉类食品加工厂。据说当时的美国总统西奥多·罗斯福在白宫边吃早点边读这本小说。读到这里时，罗斯福大叫一声，跳起来，把口中尚未嚼完的食物吐出来，又把盘中剩下的一截香肠用力抛出窗外。

1906 年 2 月，这本扒粪文学的先驱之作一问世就产生了巨大的影响。表现在以下几个方面：其一，美国国内肉类食品的销售量急剧下降，欧洲削减一半从美国进口的肉制品，美国整个畜牧业陷入一片恐慌。书中暴露的美国肉品加工行业的种种内幕，引发了对食品安全和卫生的强烈反应。其二，政府由此关注食品加工业。总统罗斯福专门约见了作者辛克莱，并责令美国农业部调查肉联厂的情况。调查的结论是"食品加工的状况令人作呕"。其三，在舆论的强大压力下，当年 6 月美国国会即通过了两部联邦法律：《纯净食品和药品管理法》以及《肉类检查法》[④]。其四，也是最关键的，促进建立了以化学家威利博士为首，共 11 名专家学者组成的班子，形成了美国食品药品监督管理局（FDA）的雏形[⑤]。

FDA 就是满足公众安全需求的政府机构，主要负责食品和药品的安全。此外，还包括医疗器械、辐射产品、疫苗 & 血液与生物制剂、动物与兽医、化妆品、烟草等[⑥]。与此类似，国防、警察、消防等公共服务也是为了满足公众的安

---

① 资料来源：闽南网，http://zz.mnw.cn/news/649722.html。

② 资料来源：人民网，http://society.people.com.cn/n/2015/0407/c1008-26803705.html。

③ 厄普顿·辛克莱：《屠场》，安徽人民出版社 2013 年版。

④ 李颜伟：《美国改革的故事》，北京大学出版社 2009 年版。

⑤ 资料来源：人民网，http://paper.people.com.cn/dd/html/2008-10/16/content_123622.htm。

⑥ 资料来源：FDA 网站相关资料整理。

全需求而存在的政府机构。

4.3　公众尊重需求

公众除了生理、安全需求之外，如同个人一样，也存在尊重的需求。这方面的需求体现在消费者权利的提出。对于企业来说，外部公众中最重要的就属消费者了，"顾客是上帝"说得恰如其分。消费者权利是始于 19 世纪英国的消费者运动兴起后的必然结果。

在消费者运动之前，企业与消费者之间的关系秉承"买者当心，卖者不负责"的传统做法。英国 1893 年通过的《货物买卖法》改变了这种状态，给予了消费者索赔权，加强了对市场的调节作用[1]。对消费者权利的重视，还有赖于英格兰罗奇代尔市首创的消费者合作社（时称消费协作组合）、纽约消费者协会与美国消费者联盟的成立及美国联邦贸易委员会的设立。

消费者运动过程中，最具里程碑意义的事件是：1962 年 3 月 15 日，美国时任总统肯尼迪在《关于保护消费者利益的总统特别国情咨文》中，率先提出消费者享有的四项基本权利，即安全消费的权利（The Right to Safety）、被告知的权利（The Right to be Informed）、自主选择的权利（The Right to Choose）、意见被尊重的权利（The Right to be Heard）[2]。每年的 3 月 15 日为"国际消费者权益保护日"，也正是源于此。1969 年，美国时任总统尼克松进而提出消费者的第五项权利：索取赔偿的权利（The Right to Bring Action in a Federal Court to Recover Damages）[3]。

消费者的权利发展至今，可谓逐渐完善，在我国的《消费者权益保护法》中，规定了消费者的九项权利：安全权、知情权、自主选择权、公平交易权、求偿权、结社权、获取知识权、受尊重权、监督权。[4]

从"买者当心，卖者不负责"到充分考虑消费者的权利，体现的是消费者公众得到了企业主体的充分尊重。公众的尊重需求，并非企业赐予，而是消费者自下而上自己争取的。这不仅由欧美消费者运动证明，而且在我国、日本也得以证实。

5. 结论

综合以上的分析，发现作为具备某个特征的个体人的群体——公众，也会有共同的、客观存在的需求，而且其需求还可以划分层次，类比于马斯洛的需求层次理论，可划分为：公众生理需求、公众安全需求、公众尊重需求。每个层次的

---

① 潘华仿：《英国货物买卖法概说》，《比较法研究》1990 年第 4 期，第 14~22 页。
② 资料来源：http://www.presidency.ucsb.edu/ws/? pid=9108。
③ 资料来源：http://www.presidency.ucsb.edu/ws/? pid=2299。
④ 资料来源：人大网的法律条文整理，http://www.npc.gov.cn/npc/xinwen/2013-10/26/content_1811773.htm。

需求，在案例中都得到了充分的证明。

公众的生理需求得到满足之后，逐渐追求安全需求、尊重需求。比如对待转基因食品，公众的基本生理需求没有任何问题的时候，对涉及公众健康的转基因食品就提出要求，在需求上，追求安全性。公众需求是否呈现递进关系，包括公众需求是否还存在其他层次等，这有待进一步的研究。

参 考 文 献

董惠敏，黄溪. 如何满足公众的多元需求——基于 5506 个样本的调查分析 [J]. 国家治理，2015：31-32.

唐钧. 公共服务——公众需求的风险评估与供给建议 [J]. 中国机构改革与管理，2015（9）：20-24.

洪芳. 环境群体性事件中的公众心理需求分析 [J]. 中国环境管理干部学院学报，2014（2）：40-44.

吴大磊. 不断满足公众日益增长的环境需求 [N]. 南方日报，2014-04-02.

柏必成. 公众需求：服务型政府的动力来源兼论服务型政府的本质特征 [J]. 学习论坛，2014（9）：16-18.

陈伟大，孙成权，吴新年. 试论公众信息需求的满足 [J]. 图书与情报，2006（6）：30-31.

顾伯冲. 帝国死结：中国式农民起义. 中国作家，2013（22）：40-44.

葛剑雄. 葛剑雄写史：中国历史的十六个片断 [M]. 上海：上海书店出版社，2007：117-119.

周惠中. 微观经济学 [M]. 上海：上海人民出版社，2003：231-233.

A. H. Maslow. A Theory of Human Motivation [J]. Psychological Review，1943，50（4）：370-396.

Mahmoud A. Wahba，Lawrence G. Bridwell. Maslow Reconsidered：A Review of Research on the Need Hierarchy Theory [J]. Organizational Behavior and Human Performance，1976，15（2）：212-240.

认同理论视野下的钱塘江文化和杭州城市品牌形象塑造

艾小勇 *

【摘要】 当前，城市的核心竞争力已逐渐从经济建设转移到以城市文化为核心的城市品牌建设上来。杭州城市发展已经从"西湖时代"走向了"钱塘江时代"，城市发展战略和发展空间都已发生变化，引领城市发展方向的城市文化同样需要与时俱进。钱塘江文化展示了杭州城市品牌新形象，丰富了杭州城市品牌内涵，但人们对钱塘江文化的认同度仍然有待提高。本文基于认同理论视角，结合国外江河文化打造城市品牌形象的经典案例，在新时代发展背景下，围绕钱塘江文化，提出了杭州城市品牌识别再定位、城市视觉形象重构、城市品牌行为识别再造等方面的策略性建议。

【关键词】 认同理论；钱塘江文化；杭州城市品牌

Recognition of the Qiantang River Culture and Hangzhou City Brand Image Building

AI Xiaoyong

Abstract At present, the core competitiveness of cities has gradually shifted from economic construction to culture-centred urban brand building. As Hangzhou's urban development has gone from the "West Lake Era" to the "Qiantang River Era", the strategy and space for the city's development should also be changed. Qiantang River culture shows a newer and richer brand image of the city of Hangzhou, but people's recognition of Qiantang River culture still needs to be improved. Based on the theory of identification, classic cases of river-culture-centered city brand building and development in the new era, this paper puts forward suggestions on repositioning Hangzhou's urban brand identification, reconstructing its urban visual image and rebuilding its urban brand behavior identification.

Keywords Identification Theory; Qiantang River Culture; Hangzhou City Brand

---

* 艾小勇（1978—），浙江传媒学院讲师、博士。邮箱：1281929575@qq.com。

1. 引言

有人说，江河是一座城市的命脉，里面流淌着文化。文化是一座城市的灵魂，展现了城市的真正魅力和竞争力，在城市品牌形象塑造中占据核心地位，对城市品牌形象各方面建设都有强大的提高和推动作用。杭州城市发展已经从"西湖时代"迈向了"钱塘江时代"，从"跨江发展"走向了"拥江发展"。作为杭州"市内江"和"城中江"的钱塘江，已成为杭州的发展主轴、城市之核，以钱江新城为代表的钱塘江流域已经成为"中国样板、浙江实践、杭州经验"的标志性地区。新时代背景下，提升钱塘江文化认同，增强市民文化凝聚力，把钱塘江的文化特质融入杭州城市的品牌个性中，对于杭州成功打造具有"独特韵味，别样精彩"的世界名城具有重要意义。

2. 认同

认同（Identity）或社会认同（Social Identity）是现代社会学或社会心理学中最为常见的术语之一，它涉及对我是谁或我们是谁、我在哪里或我们在哪里的反思性理解。认同，通常又被译成同一性、统一性或身份，它是对"某一事物与其他事物相区别的认可，其中包括其自身统一性中所具有的所有内部变化和多样性。这一事物被视为保持相同或具有同一性"（周晓虹，2008）。新修辞学的代表人物肯尼斯·伯克（1998）认为，人与人之间存在着三种互相交叉的认同来源：物质性认同（Materialistic Identifications）通常来源于商品、占有物和东西——如拥有相同种类的汽车、对衣着有着相同的品位；理想化认同（Idealistic Identifications）来源于共享的主张、态度、感觉和价值观；形式上的认同（Formal Identification）来源于传播双方共同参与的事件的组织、安排和形式。

从城市语境来讲，认同是一系列特色或者传承的特色，指代我们城市与其他城市的不同之处。法国巴黎美国大学文化政策研究教授 Yudhishthir Raj Isar（2012）认为，"认同"是考虑事物的不同性。"所谓的'认同'其实就是一系列的特色，或者是传承的特色，这些特色包括不同的国家、不同的族群、不同的城市都有这样的认同和特色。所以'认同'是我们城市与其他城市的不同之处。我们想要寻找城市的特色和特质，这是整个城市成功的要素之一，而且是不可或缺的要素。"认同理论可以为城市品牌形象提升提供有价值的指导。

3. 江河文化打造世界名城的国外范本

3.1 泰晤士河与"创意之都"伦敦

伦敦是世界上最受欢迎的城市之一，多次位列全球城市品牌形象排行榜首位。狄更斯笔下的"雾都伦敦"早被泰晤士河滔滔流水冲刷进历史长河，过去人们印象中保守与傲慢的标签已被开放与活力取代，伦敦如今已成为世界瞩目的旅游目的地、商业人士心目中理想的投资胜地。响亮的"创意之都"城市品牌已经蜚声海外、饮誉全球。伦敦城市品牌提升之路，几乎全部围绕其母亲河——泰晤士河而展开。

泰晤士河域全长346千米，自西向东贯穿伦敦，穿越整个城市，长久以来一直是伦敦不断发展的中心。英国的政治家约翰·伯恩斯曾说：泰晤士河是世界上最优美的河流，"因为它是一部流动的历史"。100年前的泰晤士河几乎全被工业革命所破坏，大量的污染物充塞河道，各种水生生物濒临灭绝。"二战"后，伦敦当局实施泰晤士河大规模综合整治重建计划，经过多年的不懈努力，如今流经伦敦的泰晤士河已由一条死河、臭河变成了世界上最洁净的城市水道之一，不仅泰晤士河水变清了，恢复了往昔的生机，而且随着南北两岸发展差距的缩小，沿岸文化景观得到了有力的保护与开发，美丽的泰晤士河已成为驰名世界的旅游观光带。

与此同时，伦敦围绕泰晤士河，以节庆活动为依托，不断进行城市推广。节日庆典活动是伦敦城市营销沟通的重要手段之一，伦敦几乎每个月都会有一次大型的庆典活动。河道两岸众多具有历史、文化、景观意义的建筑、公园、桥梁，被广泛用于各种体育、娱乐、政治活动。其中包括：牛津剑桥划船比赛，自1829年举办以来一直延续至今；泰晤士河文化节，创设于1997年，是世界上最大的免费户外艺术节之一，每年吸引世界近百个国家和地区参与，以多种形式展现不同国家和地区的文化、形象与魅力；英国皇家的仪式活动，突出了当地特有的文化历史，这种仪式所体现的庄重和神圣丰富了泰晤士河的内涵；旁听威斯敏斯特宫下议院辩论等。这些活动凸显了英国人对泰晤士河文化的珍视，提升了英国人对泰晤士河文化的认同，泰晤士河文化则极大地丰富了伦敦城市品牌形象的内涵。

3.2　塞纳河与"浪漫之都"巴黎

世界名城巴黎享有"浪漫之都"的美誉。近年来，不景气的经济并未妨碍巴黎魅力的提升。2017年，普华永道发布的一份报告显示，巴黎在2016年世界十大魅力城市中排名第四，比2014年上升了两个名次。巴黎的魅力在很大程度上要归功于城区缓缓流过的塞纳河。千百年来，塞纳河生生不息地孕育了巴黎的灵魂。巴黎城起源于塞纳河中的西岱岛，塞纳河见证了巴黎城的诞生、发展和繁荣。可以说，巴黎的一切都围绕塞纳河展开。

塞纳河贯穿巴黎，将巴黎分成了左右两岸。左岸集中了美术馆、咖啡馆、书店和画廊，即一切与文化有关的元素；而右岸则簇拥着金碧辉煌的卢浮宫、爱丽舍宫和香榭丽舍大街等建筑，是政治、经济和权力的领地。两岸的发展速度相同，这种现象在世界大城市中是极为罕见的。塞纳河不仅沿途岸景华丽出众，而且横跨河上的30余座桥梁，精美独特，每一座都有其艺术性和历史积淀，桥与河珠联璧合，使河上风光更加妩媚多姿。塞纳河如同一条绿色的丝带，把这些众多光彩照人的珍珠串在了一起。正因如此，泛舟塞纳河上是巴黎最受欢迎的旅游项目之一。

如同泰晤士河的发展历史一样，20 世纪 20 年代的塞纳河也遭受过污染，从河道治理到航运功能实现再至今天的旅游功能转型，塞纳河品牌树立的过程中政府的角色举足轻重。政府主导制定实施了一系列政策法规，早在 1913 年就制定了《历史性纪念物保护法》。1964 年法国进行该国历史上最大规模的一次文化遗产"普查"。巴黎市内普查范围集中在塞纳河沿岸 500 多个历史街区中，当时的口号是"大到教堂、小到汤匙"，凡是历史遗存的有价值的文物都要登记造册。这次普查大大增强了国民对民族文化的自豪感，今天的法国从中受益无穷，塞纳河沿岸成为世界游人聚集的观光带即是证明。为了进一步确立对塞纳河的保护与利用，政府鼓励群众利用塞纳河沿岸的城市开放空间组织文化和商业活动，动员市民参与研讨滨水空间的开发与利用计划。

海明威曾说过："假如你有幸年轻时在塞纳河畔生活过，此后一生都会记得那些美好而清贫的日子。"塞纳河处处散发出艺术气息和浪漫情韵，与巴黎城市品牌个性协调一致，二者品牌联想高度趋同，这样的契合使塞纳河成了巴黎浪漫形象的典型代表，令巴黎的城市品牌获得了巨大增值。

"他山之石，可以攻玉。"伦敦和巴黎城市品牌的成功并不是偶然，各自江河文化在其城市品牌形成过程中的成功因素为杭州在钱塘江时代城市品牌发展提供了极好的借鉴范本。

4. 钱塘江文化与杭州城市品牌提升

4.1 钱塘江文化是杭州城市文化的重要组成部分

与泰晤士河、塞纳河等众多河流一样，钱塘江也是一条历史之河、文化之河。作为浙江和杭州的母亲河，钱塘江和西湖一样，千百年来影响和塑造着这个城市的精神生活、文化历史和文明发展。杭州的城市发展先有"水居江海之会，陆介两浙之间"的萌芽，后有"东南形胜，三吴都会，钱塘自古繁华"的赞誉。

历史长河中，钱塘江畔出现了以伍子胥、文种为代表的江潮文化；以曹娥、丁兰为代表的孝道文化；以郑兴裔、胡雪岩为代表的义信文化；以大禹、范蠡、华信、马臻、钱镠、张夏为代表的海塘文化；以严光、林逋为代表的隐居文化；以项麒、胡世宁为代表的耕读文化；以中草药始祖桐君为代表的中医文化；以及明清和近代以来兴盛的丝绸文化、商贸文化、围垦文化、航空文化等。先天秉承了吴越文化"海纳百川、兼容并蓄"特征的钱塘江，有着江南文化的共性。此外，钱塘江具有突出的互通关联特征，历来是上游货物输送至沿海和徽商往来的主要通道，商贸文化兴旺发达。

可以说，杭州城市的起源与形成和钱塘江文化息息相关，杭州的繁荣富庶和人烟阜盛，围绕着钱塘江优美的江岸线而展开。从古至今，钱塘江文化一直是杭州城市文化的重要组成部分。新时代背景下，钱塘江文化在杭州城市发展中将起到更为重要的精神引领作用，在杭州城市品牌升级中起到更大的内涵提升作用。

4.2　杭州城市品牌识别再定位：城市品牌内涵实现钱塘江文化转向

现代西方品牌管理理论认为，品牌识别是一项产品或服务形成品牌的精髓，或者说是建立品牌管理体系的核心。根据品牌大师大卫·艾克（David A. Aaker）的观点，品牌识别是品牌战略者们希望通过创造和保持能引起人们对品牌美好印象的联想物，目的是"引起人们对品牌的美好印象"。显然，创立一个清晰、富有个性化且能反映城市发展新貌的品牌识别应当成为杭州城市品牌化的首要目的。

创建城市品牌识别要求城市努力挖掘自身独特的品牌价值内涵，避免同质化，从"千城一面"走向"百城争艳"。城市地域文化是城市品牌价值的核心内涵，也是城市文化形象塑造的立足点。从这个角度而言，新时代背景下，杭州城市品牌识别需要再定位，其背后的城市品牌内涵需要实现一个文化转向，亦即从西湖文化转向钱塘江文化的发展新阶段。

杭州都市文化的特点正如著名城市学家马裕祥所总结的那样："惊涛骇浪的钱塘江与鸟语花香的西子湖、潮起潮落的钱塘江与温柔秀丽的西子湖形成了明显对照而又共生的合成。"缠绵的西湖赋予了杭州女性化的城市个性，豪迈的钱塘江则增添了杭州的阳刚之气。一直以来，杭州城市品牌识别以西湖文化为核心，秀美的湖光山色、温柔婉约的西湖造就了杭州"人间天堂"的美名。

由"西湖时代"进入"钱塘江时代"，城市的性质、规模、功能发生了根本性变化，引领城市发展方向的城市文化同样需要与时俱进。钱塘江文化是西湖文化的继承与创新，在与西湖文化的共融中又有着自身的创新和发展，同时更具"大气、开放"的特质。钱塘江文化展示了杭州城市品牌新形象，彰显了杭州城市品牌特色，丰富了杭州城市的品牌内涵，成为一张向世界传递的城市新名片、一种向世人展现的城市新品格。杭州城市品牌识别再定位，要将西湖文化所呈现的"秀气"杭州和钱塘江文化所展现的"大气"杭州结合起来，杭州城市品牌内涵需要转向钱塘江文化的发展新阶段，尽可能提升杭州城市品牌与钱塘江文化气质的高度契合，实现城市品牌资产增值。

4.3　杭州城市品牌视觉形象重构：增加钱塘江文化要素

城市品牌视觉形象是公众接触城市品牌的第一印象。研究表明，人作为一种视觉动物，靠眼睛获得大部分外界信息，并且大部分的人体活动靠眼睛主导。这就告诉我们，城市品牌的视觉形象对公众有巨大的影响作用。视觉形象是城市品牌化必不可少的第一步，但它不是全部，不能解决所有问题。真正的问题不是图形的设计，而是图形所描绘的实质。规范的外观表现只是对品牌内涵的某种表达，清晰的品牌识别是选择符号标记的先决条件。作为城市品牌识别与价值输出系统的城市品牌视觉形象，要充分表达城市品牌的精神内涵。

钱塘江时代，杭州已由"三面云山一面城"的城市旧格局，向"一江春水穿城过，江河湖山在城中"的城市新格局转化，杭州城市品牌视觉形象理应进行重新整合。钱塘江文化"与时俱进、勇立潮头、大气开放"的时代精神指引杭州城市品牌视觉形象重构，体现典型钱塘江文化的"钱塘江要素"理应成为杭州城市品牌视觉形象构图中的核心要素之一。杭州城市视觉形象景观要素将由三潭印月、雷峰塔、保俶塔、灵隐寺等代表杭州传统西湖文化的视觉元素，与气势磅礴的钱塘江大潮、钱江新城外挑江面75米的城市阳台、取"日月同辉"之意的杭州大剧院和国际会议中心、天圆地方的市民中心、钱江世纪城中G20杭州峰会主会场——杭州国际博览中心、大型体育场馆"莲花碗"、超高层双塔——"城市之门"以及飞跨钱塘江上的十座桥梁等钱塘江代表性景观共同构成，既体现传统杭州精致婉约的气质，又展示出钱塘江时代杭州大气开放的气派。"日出江花红胜火，春来江水绿如蓝"的美好图景也将再次成为繁华钱塘的生动写照。

4.4 杭州城市品牌行为识别再造：增强钱塘江文化体验

城市品牌行为是城市为实现既定的品牌形象，在城市品牌理念指引下所做的一切努力。城市品牌行为是塑造城市品牌过程中工作量最大的部分，也是城市品牌形象成败的关键一环。新品牌哲学认为，城市品牌为城市利益相关者所共有，培育城市品牌的本质做法应该是致力于建立城市与目标公众之间的关系。品牌形象是在与目标公众长期接触中产生的，通过品牌联想得以强化。伦敦通过围绕泰晤士河开展丰富多彩的节庆活动强化了目标公众的接触体验，巴黎塞纳河沿岸空间规划和开发都遵循"以人为本"的原则，旨在"让市民和河水的关系更加密切"。

美国社会哲学家刘易斯·芒福德（2005）认为，"城市应当是一个爱的器官，城市最好的经济模式应是关怀人和陶冶人"。杭州的城市体验要走出西湖的拘囿，走向更广阔的钱塘江。钱塘江两岸开发在践行以人民为中心的发展思想和新发展理念指引下，需要加大钱塘江周边城市公共产品供给，进一步提高钱塘江两岸的生态、文化和休闲功能。

伯克认同理论告诉我们，营造公众共同参与的事件可以更好地促进形式上的认同。以G20杭州峰会为引领的会议会展活动，以钱塘江文化节为代表的节庆活动，以"三江两岸"为代表的黄金旅游线路，围绕钱塘江所做的这些努力可以在更广的领域增加公众的城市体验，提升钱塘江文化认同，提高杭州城市品牌形象，向实现世界名城的目标更进一步。

值得指出的是，围绕钱塘江开展节庆、会展与旅游活动，要深度挖掘并充分展现出钱塘江区域的特色文化，尤其是地方民俗文化。伦敦每年7月在泰晤士河上举行的"数天鹅"风俗，从12世纪一直延续至今，已有800多年的历史，已经成为泰晤士河上一道独特的风景线。钱塘江两岸的百姓世代居住于此，在与潮涌的朝夕相处中，形成了众多地方特色民俗。弄潮、戏潮、抢潮头鱼、钱塘江板盐制作技艺、三江口家庭手工艺、坎山的七夕乞巧等，这些钱塘江沿岸传统文化与习俗都可以成为公众共同参与的事件，从而提升钱塘江文化认同。

5. 结语

　　文化代表着城市的身份，凝聚着城市发展进化的动力，先进的文化内涵是城市的本质特征，影响着城市的未来。文化既塑造城市的形象，又体现城市的气质。一种江河文化塑造一座城市品牌。精致闲逸的泰晤士河造就了伦敦"创意之城"、浪漫时尚的塞纳河成就了巴黎浪漫之名。新时代背景下，不断增强钱塘江文化认同，大气开放的钱塘江将助推杭州实现城市品牌形象新的提升和世界名城的宏伟目标。

参 考 文 献

刘易斯·芒福德. 城市发展史 [M]. 北京：中国建筑工业出版社，2005：166-167.

周晓虹. 认同理论：社会学与心理学的分析路径 [J]. 社会科学，2008（4）：10-21.

单霁翔. 关于"城市""文化"与"城市文化"的思考 [J]. 文艺研究，2007（5）：18-20.

郑伯红，汤建中. 伦敦巴黎河岸景观带建设的实践与经验 [J]. 城市问题，2002（1）：20-23.

崔丽莎. 城市文化在城市品牌形象塑造中的价值探究 [J]. 美与时代（城市版），2017（4）：8-10.

严粒粒，傅颖，等. "文化浙江"新征程　杭州钱塘江文化节意义何在 [N]. 浙江新闻客户端，2017-07-03.

"勇立潮头，大气开放，互通共荣"——钱塘江文化内涵的形成发展和未来展望 [EB/OL]. 新华网浙江站，2017-07-13.

肯尼迪·伯克. 当代西方修辞学：演讲话语批评 [M]. 常昌富，等译. 北京：中国社会科学出版社，1998：20，161.

Yudhishthir Rag Isar. Cities, Cultural Policy and Governance [J]. The Cultures and Globalization Series，2012（5）：101-105.

公共关系学教育在上海外国语大学

范　徵*

【摘要】上海外国语大学是教育部直属并与上海市共建的全国"211"和"双一流"重点建设大学。本文概述了公共关系学专业在上海外国语大学的设立、发展及其学科特色。

【关键词】公共关系学（PR）；上海外国语大学

PR Education at Shanghai International Studies University

FAN Zheng

Abstract　Shanghai International Studies University is a national "211" and "Double First–Class" key university directly under the Ministry of Education and jointly established with Shanghai. This article summarizes the establishment, development and discipline characteristics of public relations（PR）major in Shanghai International Studies University.

Keywords　Public Relations（PR）；Shanghai International Studies University

上海外国语大学从事公共关系人才培养已有 30 多年的历史。学科带头人——原校党委书记兼校务委员会主任吴友富教授自大学毕业后就赴美国从事公共关系的研究。20 世纪 80 年代初，上海外国语大学率先开设公共关系课程，至今已形成公共关系学"本科—硕士—博士""一条龙"学科专业体系。2006 年、2016 年，上海外国语大学分别被评为"中国公关教育 20 年突出贡献单位""中国公关教育 30 年突出贡献单位"。2018 年吴友富教授还被评为"中国改革开放40 位公关人物"之一。2022 年上海外国语大学公共关系专业入选上海市"一流专业"建设单位。上海外国语大学公共关系学教育拥有以下五方面特色：

---

*范徵（1965—），男，广东潮阳人，上海外国语大学国际工商管理学院教授、学术委员会名誉主席。教育部工商管理教学指导委员会委员、教育部公共管理教学指导委员会新设专业分委员会原副主任兼秘书长。

1. 形成学士—硕士—博士"一条龙"的专业培养体系

上海外国语大学公共关系专业建设"中间开花"，从研究生起步。1998 年起在企业管理硕士点设有"企业形象与公共关系"研究方向；2005 年起又在国际关系博士点设有"战略传播与国际公关""国际公共管理与公共关系"方向；2006 年"公共关系学"本科专业获得教育部的批准，并于当年招收第一届新生。至此形成了国内学士—硕士—博士"一条龙"的公共关系学科专业培养教育体系。

2. 设在管理学科，定位于国际公关、数字公关

上海外国语大学的公共关系学科建设不仅整合了工商管理、新闻传播等专业师资力量，而且学科建设落脚点设在管理学科，把学科研究、学科建设重点放在更高层次的公关管理战略、管理职能等方面，其本科专业学生通过论文答辩后获得"管理学学士"学位。

上海外国语大学公共关系专业旨在培养符合时代要求的具备创新精神、创业能力的创新人才。大类培养阶段旨在夯实学生的经济管理基础和培养定量计算能力、信息计算机技术、英语基本能力，为后续专业学习阶段奠定坚实基础，助力培养德智体美全面发展的社会主义事业建设者和接班人。专业培养阶段旨在培养掌握公共关系的基本理论和专业技能，具有良好全球视野及人文情怀，精英语、通策划、善沟通、长技术，能适应跨国企业、国际公关公司、政府涉外部门公共关系管理工作需要的高级复合型人才，使之能够在英语语言环境中运用大数据分析等前沿技术从事公共关系管理工作。本专业同时也为学生毕业后攻读国内外相关专业的硕士、博士研究生学位打好基础。毕业时，学生应达到"宽口径""厚基础""高素质""强能力"的人才培养目标。

基于上海外国语大学办学的实践经验，公共关系学科采取复合型的教学模式：专业课程覆盖国内外公共关系专业全部核心课程；英语水平要求达到英语专业毕业水平，即"专业英语八级"。本专业的专业课程中有一部分使用英语原版教材，并使用英语或双语授课。另外，还将开设一些国际公关、跨文化交流方面的专业课程。

同时，上海外国语大学十分注重与国际公关同行的交流与合作。美国公关协会会长、俄罗斯公关协会会长曾先后访问上海外国语大学。上海外国语大学国际工商管理学院将与国外名校的合作上升到学院发展战略的高度，致力于在学生交流、师资交流、学科建设、联合研究及合作项目开发等方面与国际一流的商学院开展全方位的合作，合作伙伴遍布欧洲、美洲、亚太地区及非洲。目前，其已与美国、德国、法国、西班牙、英国、瑞典、加拿大、芬兰、韩国、新西兰、泰国、摩洛哥等 12 个国家的 20 多所知名大学和商学院建立了长期友好的合作关系，并开展了广泛而深入的合作。学院为学生创造在读期间至少出国留学一次的机会，学生可报名参加国际交流项目的学习。同时，学生可参加国家留学基金管

理委员会的"优秀本科生国际交流项目"等项目。"优秀本科生"将获得国家留学基金资助的一次性往返国际旅费、资助期限内的奖学金和艰苦地区补贴等。

目前，上海外国语大学公共关系专业的毕业生已活跃在著名的跨国公司、跨国银行、"三资"企业、专业公关公司、广告公司、咨询公司、传媒机构，以及涉外企事业单位和政法机关的公共关系部门等。有三分之一的公共关系专业的毕业生选择了攻读研究生继续深造，多数被国内外著名大学录取。上海外国语大学毕业生以学习、交流层面会英语，研究、工作层面懂专业，合作层面通文化的鲜明特色受到社会广泛认同，尤其适应以英语作为工作语言的跨文化商务工作环境和学习研究环境的需要。

3. 产学研结合的办学方向

上海外国语大学公共关系学科带头人集学者、专家、管理者于一身，还应邀担任多家上司公司的独立董事或公关管理顾问，承担企业形象与公共关系方向的企业委托课题研究与培训。

1989年，上海外国语大学翻译出版了公共关系名著《公共关系与实践》（上海译文出版社），为国内公共关系方面较早的译著。后来又翻译出版了《媒体公关12法则》《战略沟通》《公共关系学》《公关写作》《公关案例研究》《美国公共关系发展史》《英国公共关系发展史》等系列公共关系译著。《现代管理与公共关系》《新编现代管理与公共关系》《第三代CI：企业形象的战略管理》《整合营销》《公共关系学：企业形象塑造的学问》等教材，为国内公关方面较早的教材和专著。《公共关系学概论》《危机管理》获上海市重点课程；《公共关系学》获上海市双语示范课程；《公共关系基本原理与实务》《广告媒介策划》《广告策划》三部教材入选国家级普通高校"十五""十一五"规划教材。

公共关系方向学科带头人和骨干常以专家身份出现的关于企业形象与公共关系的最新论述屡见《文汇报》（理论版）和《公关世界》封面文章——"论中国国家形象塑造""公共关系：从浪漫时代走向策划时代""上海'永久'品牌形象塑造""公共关系要抓住世博契机""品牌立市刻不容缓""政府形象塑造""论企业形象与战略的互动"等影响较大，并获得相关奖项。"民心不通，情无金坚——从巴西新冠涉华信息看我国'一带一路'外交政策""近期中印关系态势、印媒涉华舆情及对策建议""新冠疫情下的民众情绪与政府行为"等报告被国家网信办采用。

2015年获得的国家社会科学基金重大项目"中国企业'走出去'跨文化大数据平台建设"在全国公共关系界反响较大。出版了标志性成果《中国公共关系20年发展报告》（中英文版），以及后续研究《中国公共关系发展报告（2006—2010）》（中英文版）、《上海公共关系30年发展报告》（1986—2016）。

曾获上海市、国家社会科学、自然科学主要研究项目"中国对外传播"、"国际传播"、"跨文化沟通"、"社交网络营销者生成内容（MGC）传播参与研究：基于控制威胁与秩序需求视角"、"公共卫生事件与大众传媒"（"985"基地项目）、"中国公众对传媒化解社会风险表现的评价研究"（教育部重大项目子课题）、

"中国公共关系发展报告"、"中国国家形象塑造研究"等课题被列为上海市重点研究项目。"上海城市'更有序、更安全、更干净'实现路径"获上海市人民政府决策咨询研究项目三等奖。

学校、学院建有人工智能与数据科学应用实验室、公共关系专业实验室、媒体融合实验室等相关学科实验室共享。"全媒体时代舆情管理与危机公关教学实践平台建设"教学研究团队获 2020 年教育部产学合作协同育人项目。

4. 为地方公关事业服务

除了公共关系学学科建设，上海外国语大学在参与地方公共关系活动方面也卓有成效。上海的一些著名公共关系举措和活动中均能见到由上海外国语大学提供的支撑与支持：

——上海外国语大学为上海申办世博会相关公共关系活动提供了支持，如申办世博会文件的翻译、同声翻译与志愿者的提供等。

——与上海公共关系协会联合举办了多届两年一度的"上海公共关系优秀案例"的评选，并在此基础上出版了《新世纪的公共关系》《沟通创造价值》《公关人的创意》《公关的力量》《有效的公关策划》《活力源于创新》《公关创造和谐》《创新的赢家》案例集。

——上海外国语大学与上海公共关系协会联合举办了多届两年一度的"中外公共关系国际高峰论坛"。公共关系界知名人物如李道豫、Dejan Verčič、余明阳、郭慧民、黄懿慧等应邀与会。

——2005 年上海外国语大学还成立了首家上海公共关系协会学生分会，并多次获年度"优秀学生分会"荣誉。

——与上海市公共关系协会联合举办了多届两年一度"上海公共关系学专业奖学金"评选和"上海十大公关新星"评选。上海外国语大学多位参赛的研究生和大学生荣获上海市首届公关新星称号，获准赴新加坡参加上海市 2010 年世博会宣传推广活动。

5. 领衔全国 PR 专业建设工作

上海外国语大学还是中国公共关系协会副会长、学术委员会主任、秘书长单位；全国公共关系学专业院长（系主任）联席会议委员会主任、秘书长单位；教育部公共管理类专业教学指导委员会新设专业分委员会主任、秘书长单位。

全国公共关系学专业院长（系主任）联席会议委员会由上海外国语大学发起成立，该机构具有非常设学术机构的性质，开展高等院校公共关系学本科教学的研究、指导、评估、咨询、交流等工作，每年召开一次联席会议。上海是中国公共关系教育重镇，占了本科教育的四分之一。该机构经努力和沟通，在教育部本科目录修改中，将公共关系学专业从"目录外"纳入"目录内"，从而为上海乃至全国各高校公关专业的发展奠定了基础。

　　2014 年 12 月 5 日，教育部公共管理类新设专业教学指导分委员会成立会议在上海外国语大学举行。教育部高等学校公共管理类专业教学指导委员会主任、东北大学原副校长娄成武教授到会指导。这次会议有来自南开大学、首都经济贸易大学、上海外国语大学、中国传媒大学、东华大学、大连海事大学、上海海事大学、上海海关学院 8 所高校公共管理类 5 个新设专业的代表参加。在教育部 2012 年新版《普通高等学校本科专业目录》中，城市管理、海关管理、交通管理、海事管理、公共关系学属于新开专业，尚未有代表进入教育部高等学校公共管理类专业教学指导委员会。为了更好地推进这 5 个新设专业的建设发展，会议决定成立教育部公共管理类其他专业教学指导分委员会，审议通过了《教育部公共管理类其他专业教学指导分委员会工作条例》和教育部公共管理类其他专业教学指导分委员会委员建议名单。上海外国语大学党委书记、全国公共关系学专业院长（系主任）联席会议委员会主任吴友富教授为主任委员，上海外国语大学国际工商管理学院院长、教育部工商管理类专业教学指导委员会委员范徵教授以及公共关系学系主任纪华强教授、杨晨副教授先后担任秘书长。该指导委员会受教育部委托，制定了《全国公共关系学专业标准》。

参 考 文 献

吴友富，范徵，等. 中国公共关系 20 年发展报告 ［R］. 2008：415-441.

吴友富，范徵，等. 中国公共关系发展报告（2007—2012）［R］. 2013：208-235.

吴友富，范徵，等. 上海公共关系 30 年发展报告 ［R］. 2017：141-157.

2013~2017 年博鳌亚洲论坛年会公关传播效果评估

许　娜 *

【摘要】"一带一路"倡议一直是博鳌亚洲论坛年会的重要议题。本文通过对其每年年会在官方网站、微信公众号、微博的相关数据进行定量分析，并引入微博指数、百度指数等大数据对公关传播效果进行横向和纵向评估。研究发现，2013~2017 年博鳌亚洲论坛年会的传播效果并没有随着年限的增加而增强，反而是呈现波动下降趋势，这种没有及时评估的国际公关在年复一年中并未能够与公众进行更有效的沟通。除此以外，博鳌亚洲论坛还暴露出传播主体优势没有得到充分发挥、缺乏整合资源实现裂变传播的技巧等问题，这些都需要其调整国际公关策略。

【关键词】传播效果；定量分析；大数据；博鳌亚洲论坛年会

Effectiveness Evaluation of PR Communication in Boao Forum for Asia 2013–2017

XU Na

Abstract　"The Belt and Road" Initiative has been an important topic at the annual meeting of the Boao Forum for Asia. This paper quantitatively analyzes the annual data of the annual meeting on its official website, WeChat public account, Weibo, and introduces big data such as the Weibo Index and Baidu Index to provide horizontal and vertical assessment of public relations effectiveness. The study finds that instead of improving over this duration in 2013–2017, the communication effect of the annual meeting of the Boao Forum for Asia showed a declining trend. Without timely evaluation, this kind of international public relations effort has not been able to communicate more effectively with the public during these years. In addition, the Boao Forum for Asia also has such problems as inadequate active communication and the absence of skills to achieve fission propagation via resources integration. These issues justify the necessity to adjust its international public relations strategies.

* 许娜（1994—），女，河北人，上海外国语大学，在读研究生，研究领域是公共关系学，邮箱：473097442@qq.com。

Keywords Communication Effects；Quantitative Analysis；Big Data；Boao Forum for Asia Annual Conference

1. 引言

近年来，我国学者对博鳌亚洲论坛年会进行了很多研究。目前大多研究集中在对几个媒体进行新闻报道模式的对比或者是就博鳌亚洲论坛的政治功能等进行探析，以及在"一带一路"背景下对我国国际公关关系战略的转变、国际区域合作、国际公关的整体情况等的研究，很少涉及国际组织的国际公关传播效果的研究。因此，本文对 2013~2017 年博鳌亚洲论坛年会的传播效果进行评估研究。本文所进行比较研究的博鳌亚洲论坛年会的传播效果主要参考郭庆光老师在《传播学教程》中的"它指带有说服动机的传播行为在受传者身上引起的认知、心理、态度和行为的变化"。①主要是考量数据所反映出来的传播内容阅读量、点赞量、评论量，以及微博指数和百度指数反馈的受传者主动更进一步了解博鳌亚洲论坛年会而发生搜索相关内容的行为。

2. 博鳌亚洲论坛官方网站的传播效果比较研究

本文将 2013~2017 年博鳌亚洲论坛年会在官网的所有新闻报道作为统计对象来进行整体研究，并一一统计了博鳌亚洲论坛官网在 2013~2017 年发布的有关年会动态的 1791 篇新闻报道的浏览次数（数据统计截止到 2017 年 4 月 14 日），且计算出了每年论坛年会新闻报道的平均浏览次数，以此来评估受众获取了信息进而对博鳌亚洲论坛年会的传播内容达到了认知的传播效果。

但是，考虑到论坛年会的平均浏览次数的大小可能会受极值的影响而使评估造成一定误差，所以，本文又将每年论坛年会新闻报道浏览次数的最大值和最小值单独列出，并且用每年新闻报道浏览次数的中位数做参考，来增强本文通过年平均浏览次数对博鳌亚洲论坛年会的传播效果进行评估的严谨性。

如表 1 和图 1 所示：

（1）2013~2017 年，官网年会相关新闻平均浏览次数整体呈现波动下降趋势。

博鳌亚洲论坛年会在官网这一传播渠道的传播效果，从 2013 年的 366431 平均浏览量下降到 2017 年的 73043 平均浏览量，且 2017 年比 2013 年的年会新闻平均浏览次数减少了 4 倍多。

（2）官网年会相关新闻平均浏览次数的最大值在 2015 年，最小值在 2016 年。

论坛年会在官网的平均浏览次数在 2015 年达到了最大值 599463，在 2016 年达到了最小值 295，且年平均浏览次数的最大值是最小值的 2032 倍。

（3）年会动态新闻发布总数量与其对应的平均浏览次数不呈比例关系。

---

① 郭庆光. 传播学教程［M］. 北京：中国人民大学出版社，2011：172.

表 1　2013~2017 年博鳌亚洲论坛官方网站有关年会动态新闻的传播效果相关数据统计

年份	新闻发布的总数量	新闻的平均浏览次数	高于平均浏览次数比例（%）	浏览次数最大值	浏览次数最小值	浏览次数中位数
2013	225	366431	20.4	7221388	104874	240106
2014	355	469982	9.58	29240797	99104	241171
2015	263	599463	19	29954550	76464	387036
2016	490	295	22.4	5825	83	217
2017	458	73043	19	3686936	3363	36189

资料来源：通过查阅博鳌亚洲论坛官网整理。

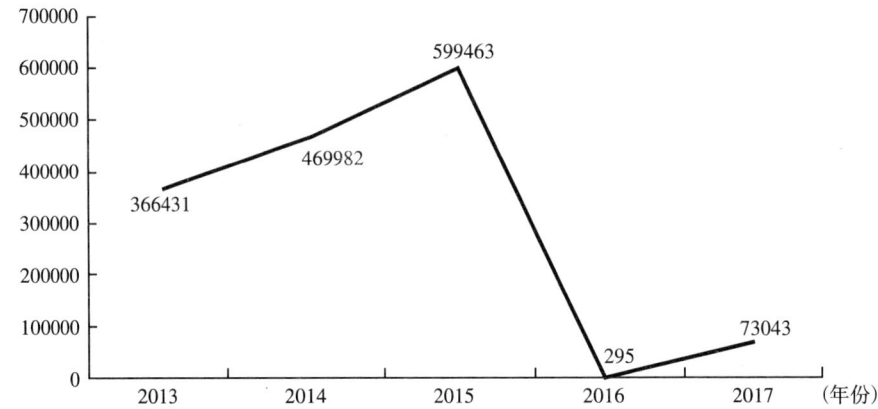

图 1　2013~2017 年博鳌亚洲论坛官方网站有关年会动态新闻浏览次数平均值变化情况
资料来源：本文整理。

　　以 2016 年和 2015 年为例，2016 年发布的新闻数量 490 在五年中最多，可是 2016 年的平均浏览次数 295 却是五年最低；2015 年的平均浏览次数 599463 为五年中最高，但是发布的新闻数量 263 在五年中排第四。因此，博鳌亚洲论坛在官网的新闻数量与相对应的平均浏览次数并没有呈现绝对的正相关或负相关。

　　（4）平均浏览次数的中位数的变化趋势与平均浏览次数的变化趋势保持一致。

　　平均浏览次数的中位数与平均浏览次数的变化趋势一样，都是在 2013~2017 年呈波动下降趋势，且在 2015 年达到最大值 387036，2016 年达到最小值 217。该变化趋势说明平均浏览次数的纵向对比没有因极值影响而出现误差。

　　（5）2016 年的高于平均浏览次数的比例 22.4% 为最高，2014 年 9.58% 为最低。

　　计算并列出新闻阅读量中高于平均浏览次数的比例，是为了考量在同一年中年会传播内容对受传者的吸引力程度。因五年的平均浏览次数相差甚远，故不用此数据进行五年纵向比较。

3. 博鳌亚洲论坛微信公众号的传播效果比较研究

　　本文在研究博鳌亚洲论坛在微信公众号方面的传播效果时，采取随机抽样的方法，从每年的论坛年会报道内容中随机抽取 30 个样本进行统计分析。为了考量传播主体的传播力度，本文还统计了 2013~2017 年每年微信公众号中与年会相关的推送篇数，并计算了样本的平均阅读量、平均点赞量、推送相关内容所持续的时间。值得注意的是，通过仔细查证，因 2013 年微信公众号的产品功能还未能实现用户查看阅读量和点赞量，故 2013 年的微信公众号平均阅读量和点赞量数据显示空缺（数据统计时间截止到 2017 年 4 月 14 日）。

如表 2 和图 2 所示：

表 2　博鳌亚洲论坛微信公众号有关年会动态传播效果相关数据统计

年份	推送文章数	平均阅读量	平均点赞量	推送相关内容持续时间
2013	47			2013 年 4 月 2 日至 2013 年 4 月 9 日
2014	73	16	0	2014 年 3 月 26 日至 2014 年 7 月 29 日
2015	162	1134	6	2014 年 12 月 23 日至 2015 年 12 月 21 日
2016	284	546	8	2016 年 1 月 4 日至 2016 年 7 月 12 日
2017	118	958	12	2017 年 1 月 10 日至 2017 年 4 月 14 日

资料来源：本文通过查阅博鳌亚洲论坛的微信公众号整理。

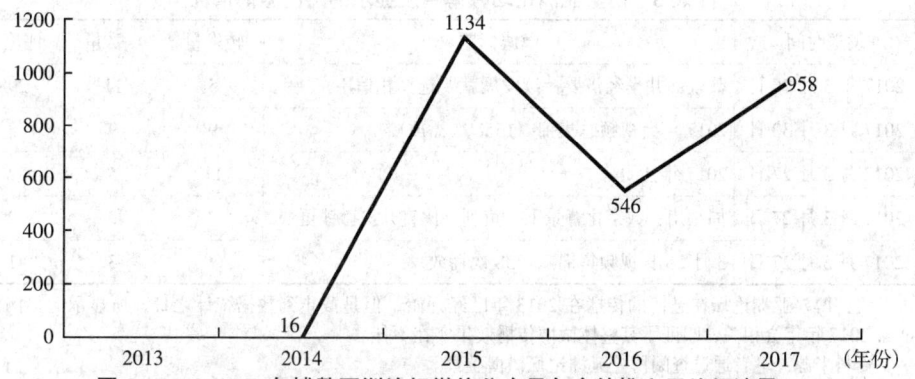

图 2　2013~2017 年博鳌亚洲论坛微信公众号年会的推文平均阅读量
资料来源：本文整理。

（1）2014~2017 年的微信公众号所反馈的文章的平均阅读量和点赞量普遍偏低。

作为一个从 2013 年便开始推送文章的微信公众号，其 2014~2017 年的平均阅读量最多是 1134，点赞量最多也只是 12，可见整体传播水平之低。

（2）2014~2017 年，微信公众号推文的平均阅读量整体呈现波动上升。

从 2014 年的平均阅读量 16 到 2015 年达到了最大值 1134，最大值约是最小值的 71 倍。后又在 2016 年下降到了 546，最后在 2017 年上升到了 958。

（3）2014~2017 年点赞量都非常低，虽然逐年增加但增幅很小。

2014~2017 年的平均点赞量分别是 0、6、8、12，四年间的增幅仅为 12。即便在平均阅读量最多的 2015 年，1134 的平均阅读量中平均点赞量也仅为 6。

（4）微信公众号推送相关内容的持续时间对其相应平均阅读量无太大影响。

以 2015 年为例，其传播年会动态相关内容的持续时间从 2014 年 12 月 23 日开始到 2015 年 12 月 21 日结束，为五年中持续时间最长的年份，平均阅读量为五年中最高；但是 2017 年持续传播的 3 个月所得平均阅读量高于 2016 年持续传播的 6 个月。

（5）2013~2017 年并非推送文章的数量越多，平均阅读量就会越高。

推送文章的数量越多越会增加受众产生认知的可能性，但阅读量并非随之增加，如数据 2016 年和 2017 年所反馈，2016 年推送文章数 284 对应平均阅读量 546，2017 年推送文章数 118 对应平均阅读量 958。

4. 博鳌亚洲论坛年会在微博的传播效果比较研究

经过笔者查看，博鳌亚洲论坛的微博共有粉丝 20777 位，截止到统计时一共发送 989 条微博（数据统计截止到 2017 年 4 月 14 日）。整体翻看其所发微博，所呈现出来的转发量、评论量、点赞量都相当少，大部分都是 0 或者仅为个位数字。故现仅将其呈现出来的热门微博传播情况统计如表 3 所示：

表 3　博鳌亚洲论坛微博中所显示的热门微博情况

发送时间	微博标题	转发量	点赞量	评论量
2017 年 3 月 26 日	戴威：共享经济要持续发展就要选择相信用户	5	11	298
2017 月 3 月 30 日	2017 年会视频总集锦（1558 次播放）	9	9	5
2017 月 3 月 27 日	2017 年会闭幕	11	5	2
2017 月 3 月 27 日	周小川：数字化背景下，负利率比直升机撒钱更快	7	0	2
2017 年 3 月 27 日	3 月 25 日视频集锦（1338 次播放）	4	3	1

注：博鳌亚洲论坛在微博的传播在 2013 年已经开始，但是截止到数据统计之日，所显示的热门微博都与 2017 年年会相关，印证了其整体微博传播效果实在不佳。

资料来源：笔者通过查阅博鳌亚洲论坛微博整理。

考虑到博鳌亚洲论坛官微所发送的微博，其转发量、点赞量、评论量情况不足以对 2013~2017 年博鳌亚洲论坛年会在微博传播效果的纵向对比研究产生有效研究价值，故本文利用微博指数这一大数据的反馈来进行对比研究。

"微博指数是基于微博用户行为数据、海量博文数据，采用科学算法计算得出的一系列反映不同事件领域发展状况的指标系列产品"，其热词指数可以反映出传播受众在传播效果行为层面的变化，而引起变化的原因不限于博鳌亚洲论坛官方所发微博的传播，主要还包括其他媒体、意见领袖等在微博的传播。

具体方法如下：在微博指数搜索"博鳌亚洲论坛"，因大众习惯将在海南博鳌举办的博鳌亚洲论坛年会简称为"博鳌亚洲论坛"，但是，除了年会以外，博鳌亚洲论坛还在其他时间会有诸如"博鳌亚洲论坛金融会议"这些活动，而从 2002 年开始，每年的博鳌亚洲论坛年会的举办都在三四月，因此，本文将微博指数统计数据的起始时间定为 3~5 月（数据统计截止到 2017 年 4 月 14 日）。

如图 3 和表 4 所示，2013 年博鳌亚洲论坛年会的微博指数有波动起伏趋势，在 2013 年 3 月 24 日、2013 年 4 月 3 日、2013 年 4 月 13 日微博搜索指数都曾达到了小高峰，尤其是从 2013 年 4 月 5 日至 2013 年 4 月 8 日微博搜索指数呈现大幅度直线上升趋势。

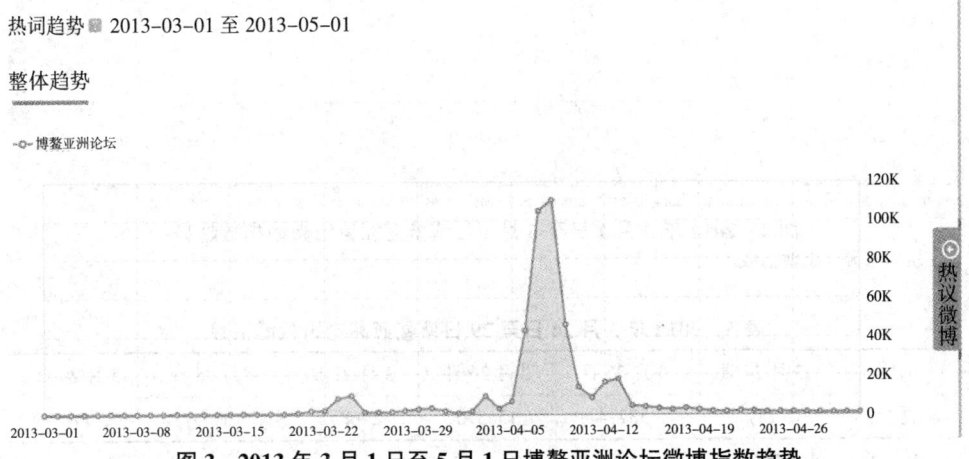

图 3   2013 年 3 月 1 日至 5 月 1 日博鳌亚洲论坛微博指数趋势

资料来源：微博指数。

表 4   2013 年 3 月 1 日至 2013 年 5 月 1 日博鳌亚洲论坛微博指数波动时期具体数值

时间	3月24日	4月3日	4月4日	4月5日	4月6日	4月7日	4月8日	4月9日	4月10日	4月13日
指数	9409	9218	2697	6426	43070	104792	110512	46102	13732	17805

资料来源：本表通过查阅微博指数整理。

微博搜索指数最大值出现在 2013 年 4 月 8 日为 110512，2013 年博鳌亚洲论坛年会的举办时间为 2013 年 4 月 6 日至 2013 年 4 月 8 日，可见 2013 年博鳌亚洲论坛年会的前期宣传活动和后期持续报道在微博对受传者产生了影响，特别是 4 月 6 日至 4 月 13 日数据较之前期又出现了一次小高峰，说明会议举行期间传播效果很好并且在结束后保持了一定的传播黏性。

如图 4、表 5 和表 6 所示，2014 年博鳌亚洲论坛年会的微博指数除了在 2014 年 3 月 27 日急剧达到最大值，在 2014 年 4 月 10 日平滑达到小高峰以外，其他整体呈现较低的平稳数值。

2014 年博鳌亚洲论坛年会的举办时间是 2014 年 4 月 8 日至 11 日，其微博指数趋势图前后组成了一个平滑的曲线，数值比 3 月 25 日至 3 月 27 日要低很多。

对于 2014 年 3 月 27 日出现的 226852 的最高搜索指数，本文经过多方查询，了解到 2014 年博鳌亚洲论坛年会的新闻发布会于 2014 年 3 月 26 日召开，当时有超过国内外 189 家媒体近千名记者参会，人民网对其进行了特别报道，因而 2014 年博鳌亚洲论坛年会传播效果最强的时间是在其发布会后的第二天，论坛

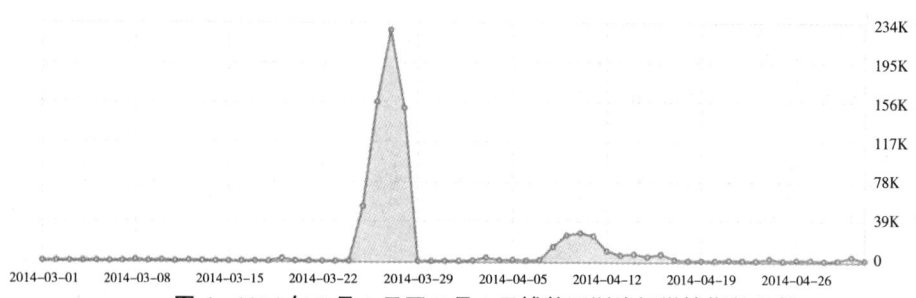

图4 2014年3月1日至5月1日博鳌亚洲论坛微博指数趋势

资料来源：微博指数。

表5 2014年3月24日至29日博鳌亚洲论坛微博指数

时间	3月24日	3月25日	3月26日	3月27日	3月28日	3月29日
微博指数	241	53774	156590	226852	150657	110

资料来源：本文整理。

表6 2014年4月7日至13日博鳌亚洲论坛微博指数

时间	4月7日	4月8日	4月9日	4月10日	4月11日	4月12日	4月13日
微博指数	1282	14462	25618	27841	24840	10204	6207

资料来源：本文整理。

主题是"亚洲新未来：寻找和释放新的发展动力"，其围绕改革、创新、可持续发展议题引人关注。

如图5、表7和表8所示，微博指数在2015年3月15日至3月24日呈现数值较小的波动并形成了三个小高峰，从2015年3月24日开始呈现直线上升趋势且在2015年3月28日达到最大值，并在2015年3月29日至4月5日下降过程中呈现出了曲线缓冲趋势。

2015年博鳌亚洲论坛年会的举办时间是2015年3月26日至29日，微博指数最大值出现在2015年3月28日是对论坛年会期间所做宣传影响力的肯定，特别是3月25日至4月3日期间持续10天微博指数都在7000以上，说明了2015年博鳌亚洲论坛年会的宣传在前期、中期、后期都比较到位，其传播效果呈现了良好持久态势。

热词趋势▣ 2015-03-01 至 2015-05-01

整体趋势　PC&移动趋势

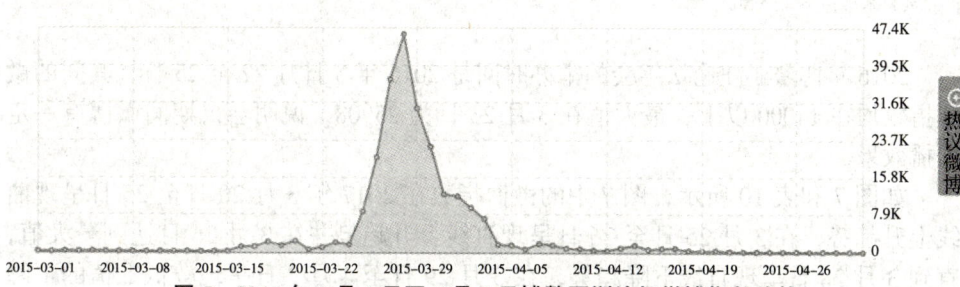

图5　2015年3月1日至5月1日博鳌亚洲论坛微博指数趋势
资料来源：微博指数。

表7　2015年3月24至30日博鳌亚洲论坛微博指数

时间	3月24日	3月25日	3月26日	3月27日	3月28日	3月29日	3月30日
微博指数	1525	8564	19980	36549	46084	30415	22234

资料来源：本文整理。

表8　2015年3月31日至4月4日博鳌亚洲论坛微博指数

时间	3月31日	4月1日	4月2日	4月3日	4月4日
微博指数	12193	11782	9316	7024	1533

资料来源：本文整理。

　　如图6和表9所示，2016年3月19日至2016年3月30日形成近似三角形区域，包含最大值并持续了11天。此外，在2016年3月18日与2016年4月15日出现了两个较小峰值。

热词趋势▣ 2016-03-01 至 2016-05-01

整体趋势　PC&移动趋势

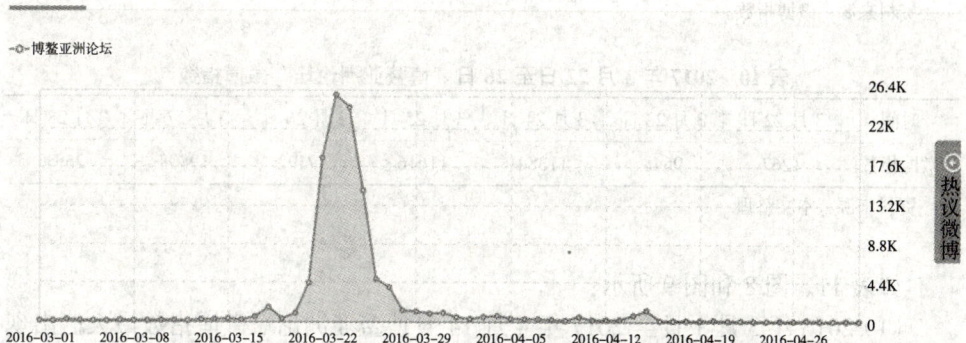

图6　2016年3月1日至5月1日博鳌亚洲论坛微博指数趋势
资料来源：微博指数。

表 9 2016 年 3 月 1 日至 4 月 15 日博鳌亚洲论坛微博指数重点关注数值

时间	3 月 18 日	3 月 21 日	3 月 22 日	3 月 23 日	3 月 24 日	3 月 25 日	3 月 26 日	3 月 27 日	4 月 15 日
微博指数	1572	4355	18639	25908	24403	14945	4796	3851	1217

资料来源：本文整理。

　　2016 年博鳌亚洲论坛年会的举办时间是 2016 年 3 日月 22 至 25 日，其间的微博指数均在 14000 以上，最大值在 3 月 23 日为 25908，说明会议期间微博有一定传播效果。

　　如图 7 和表 10 所示，图 7 中的微博指数在 2017 年 3 月 20 日至 25 日呈现曲线上升趋势，在 3 月 25 日至 26 日呈现直线上升趋势并在 3 月 26 日达到最大值，直到 3 月 28 日呈现直线下降趋势，在 3 月 29 日至 4 月 2 日呈现较低数值的下降缓冲趋势。

　　2017 年博鳌亚洲论坛年会的举办时间是 2017 年 3 月 23 日至 26 日，微博指数的最大值出现在闭幕式当天，且 3 月 25 日是前面缓冲上升和后面直线上升的临界点，3 月 27 日微博指数是 19808，说明传播尚有余热，但 3 月 28 日直降到 2551，反映出传播影响力不持久，3 月 22 日的数值 1267 反映出会议举办前的传播预热不足。

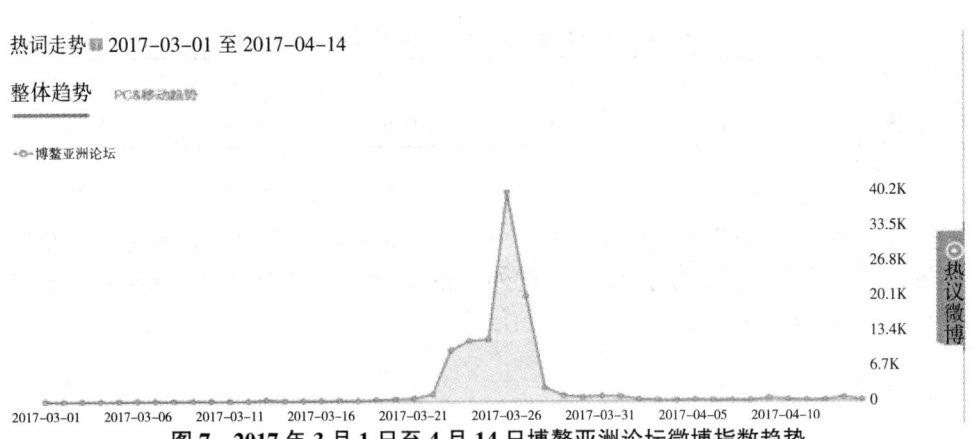

热词走势 2017-03-01 至 2017-04-14

整体趋势　PC&移动趋势

博鳌亚洲论坛

图 7 2017 年 3 月 1 日至 4 月 14 日博鳌亚洲论坛微博指数趋势

资料来源：微博指数。

表 10 2017 年 3 月 22 日至 28 日"博鳌亚洲论坛"微博指数

时间	3 月 22 日	3 月 23 日	3 月 24 日	3 月 25 日	3 月 26 日	3 月 27 日	3 月 28 日
微博指数	1267	9548	11384	11616	39492	19808	2551

资料来源：本文整理。

　　如表 11、图 8 和图 9 所示：

　　（1）2013 年 3 月 1 日至 2017 年 4 月 14 日博鳌亚洲论坛微博指数最大值出现在 2014 年。

　　如图 8 所示的微博指数热词趋势图共有 8 个高峰，其中 2014 年占据了 4 个，且 2014 年出现了微博指数最大值，根据所得日期查证最大值是出现在其发布会第二天，2014 年 3 月 26 日举行的发布会，2014 年 3 月 25 日至 28 日的微博指数平均值为 146968，其中 2014 年 3 月 27 日出现了最大值 226852。

（2）2013~2017 年论坛年会举办时间前后共 7 天的微博指数平均值 2013 年最大。

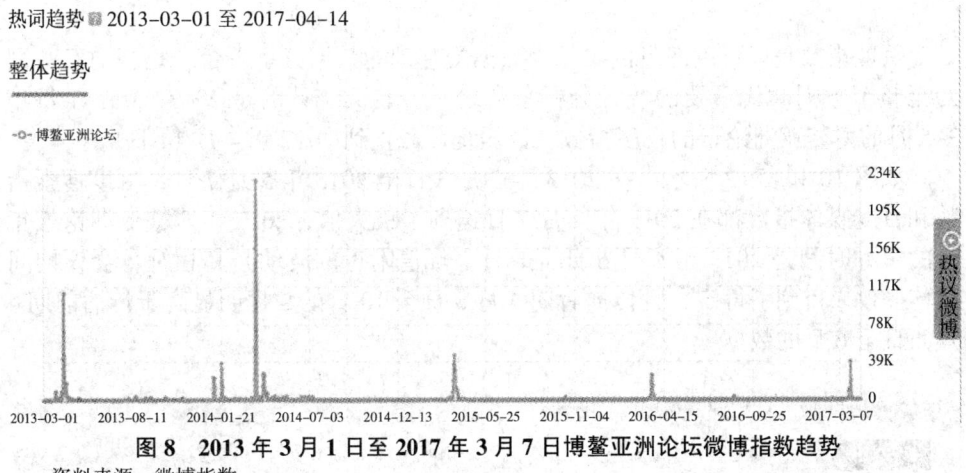

图 8　2013 年 3 月 1 日至 2017 年 3 月 7 日博鳌亚洲论坛微博指数趋势
资料来源：微博指数。

表 11　2013~2017 年博鳌亚洲论坛年会举办时间前后共 7 天的微博指数平均值

2013 年 4 月 4 日至 2013 年 4 月 10 日	46748
2014 年 4 月 6 日至 2014 年 4 月 12 日	15023
2015 年 3 月 24 日至 2015 年 3 月 30 日	23622
2016 年 3 月 20 日至 2016 年 3 月 26 日	13420
2017 年 3 月 22 日至 2017 年 3 月 28 日	13667

资料来源：本文整理。

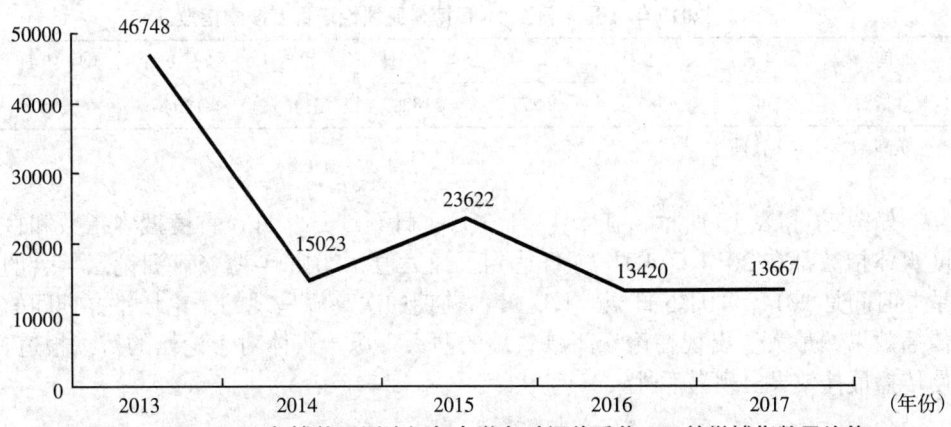

图 9　2013~2017 年博鳌亚洲论坛年会举办时间前后共 7 天的微博指数平均值
资料来源：微博指数。

如表 11 和图 9 所示，2013~2017 年博鳌亚洲论坛年会在微博这一渠道的传播反馈效果整体呈现下降趋势，在 2013~2014 年呈现直线下降趋势，2014~2015 年直线上升，2015~2016 年直线下降并达到最小值，2016~2017 年有小幅度上升，但整体与 2013 年比还是下降的，2013 年在此方面达到了最大值。

5. 博鳌亚洲论坛年会百度指数反馈的传播效果比较研究

百度指数是以百度海量网民行为数据为基础的数据分享平台，是当前互联网乃至整个数据时代重要的统计分析平台之一。本文统计的是 2013~2017 年每年 3~5 月的博鳌亚洲论坛的百度指数（数据统计截止到 2017 年 4 月 14 日）。

如图 10 和表 12 所示，在 2013 年 3 月 3 日至 2013 年 5 月 7 日，百度搜索指数和百度媒体指数都在 2013 年 4 月 7 日达到了最大值，2013 年博鳌亚洲论坛年会的举办时间是 2013 年 4 月 6 日至 8 日，峰值附近的波动与其相符，会议期间的传播效果得到了肯定，且传播后期 4 月 8 日至 10 日的数据明显高于传播前期 4 月 4 日至 6 日的数据。

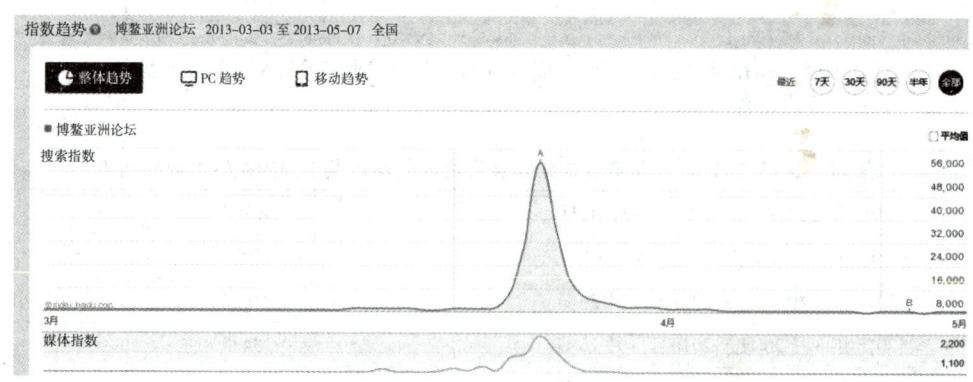

图 10　2013 年 3 月 3 日至 5 月 7 日博鳌亚洲论坛百度指数趋势
资料来源：百度指数。

表 12　2013 年 4 月 4 日至 10 日博鳌亚洲论坛百度搜索指数

时间	4 月 4 日	4 月 5 日	4 月 6 日	4 月 7 日	4 月 8 日	4 月 9 日	4 月 10 日
搜索指数	2056	7587	25277	51820	31465	12046	5795

资料来源：本文整理。

如图 11 和表 13 所示，在 2014 年 3 月 1 日至 5 月 4 日，百度搜索指数和百度媒体指数都在 2014 年 4 月 10 日达到了最大值，2014 年博鳌亚洲论坛年会的举办时间是 2014年4月6日至8日，峰值前期的次高峰呈现的是论坛举办期间的传播效果，最大值出现在论坛闭幕式后的两天，源于媒体对于论坛的持续报道，使传播最佳效果出现滞后性。

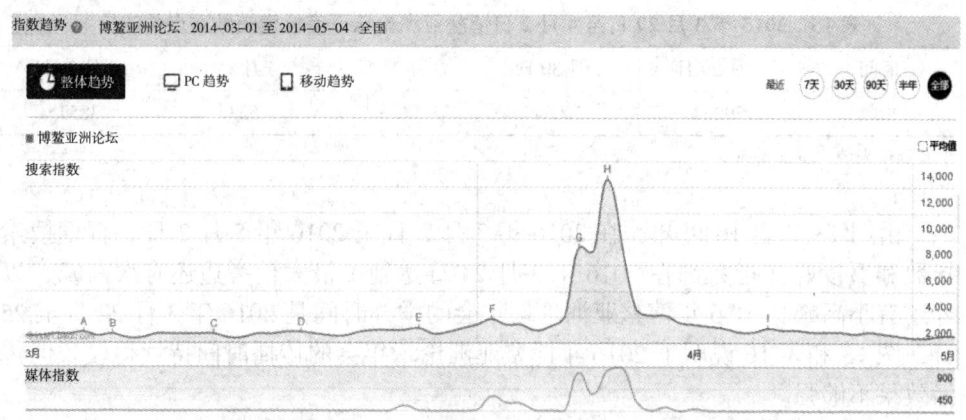

图 11　2014 年 3 月 1 日至 5 月 4 日博鳌亚洲论坛百度指数趋势

资料来源：百度指数。

表 13　2014 年 4 月 4 日至 11 日博鳌亚洲论坛百度搜索指数

时间	4 月 4 日	4 月 5 日	4 月 6 日	4 月 7 日	4 月 8 日	4 月 9 日	4 月 10 日	4 月 11 日
指数	1445	1006	1410	2027	7418	7148	12636	7504

资料来源：本文整理。

　　由图 12 和表 14、表 15 可知，在 2015 年 3 月 3 日至 5 月 7 日，百度搜索指数和百度媒体指数都在 2015 年 3 月 28 日达到了最大，除此以外还有 3 个小高峰，2015 年博鳌亚洲论坛年会的举办时间是 2015 年 3 月 26 日至 29 日，峰值说明了论坛年会的整体传播效果很好。

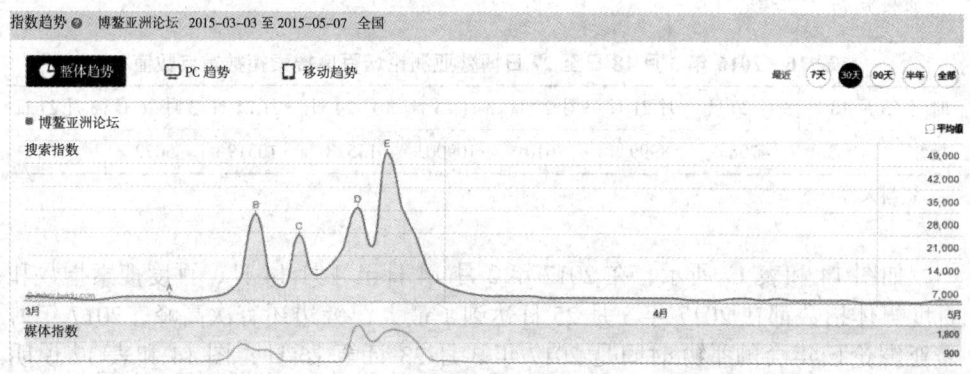

图 12　2015 年 3 月 3 日至 5 月 7 日博鳌亚洲论坛百度指数趋势

资料来源：百度指数。

表 14　2015 年 3 月 19 日至 28 日博鳌亚洲论坛百度搜索指数重点关注值

时间	3 月 19 日	3 月 21 日	3 月 22 日	3 月 23 日	3 月 26 日	3 月 27 日	3 月 28 日
指数	26745	4677	20387	8555	29198	17119	45854

资料来源：本文整理。

表 15 2015 年 3 月 29 日至 4 月 2 日博鳌亚洲论坛百度搜索指数重点关注值

时间	3 月 29 日	3 月 30 日	3 月 31 日	4 月 1 日	4 月 2 日
指数	29254	20064	8653	5333	3853

资料来源：本文整理。

由图 13 和表 16 可知，在 2016 年 3 月 2 日至 2016 年 5 月 2 日，百度搜索指数和百度媒体指数都在 2016 年 3 月 24 日达到了最大，旁边还有次高峰，以外还有小高峰，2016 年博鳌亚洲论坛年会的举办时间是 2016 年 3 月 22 日至 25日，图 13 和表 16 说明了 2016 年博鳌亚洲论坛年会的传播时间持续得较长但传播效果不够强。

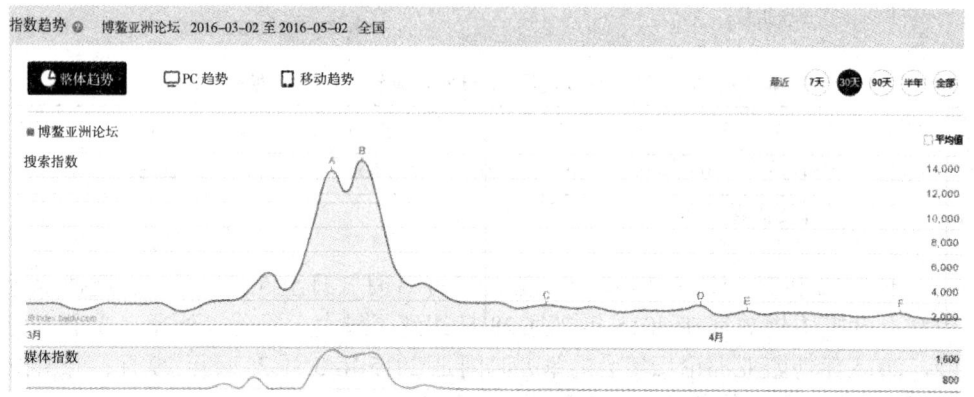

图 13 2016 年 3 月 2 日至 5 月 2 日博鳌亚洲论坛百度指数趋势
资料来源：百度指数。

表 16 2016 年 3 月 18 日至 27 日博鳌亚洲论坛百度搜索指数重点数值

时间	3 月 18 日	3 月 20 日	3 月 21 日	3 月 22 日	3 月 23 日	3 月 24 日	3 月 25 日	3 月 26 日	3 月 27 日
指数	4263	4798	8999	12610	10900	13528	10319	5072	3354

资料来源：本文整理。

如图 14 和表 17 所示，在 2017 年 2 月 14 日至 4 月 14 日，百度搜索指数和百度媒体指数都在 2017 年 3 月 25 日达到了最大，旁边还有次高峰，2017 年博鳌亚洲论坛年会的举办时间是 2017 年 3 月 23 日至 26 日，图 14 和表 17 说明了 2017 年论坛年会在举办期间有一定的传播效果，举办前期和后期的传播效果不佳。

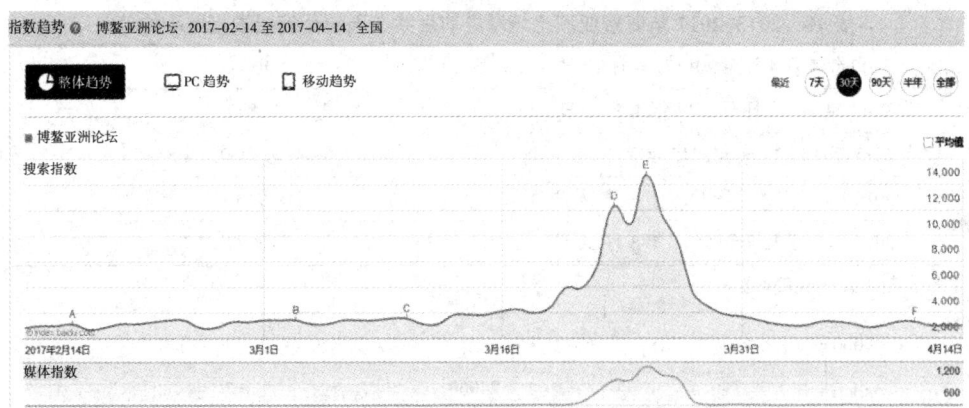

图 14　2017 年 2 月 14 日至 4 月 14 日博鳌亚洲论坛百度指数趋势
资料来源：百度指数。

表 17　2017 年 3 月 21 日至 29 日博鳌亚洲论坛百度搜索指数重点数值

时间	3 月 21 日	3 月 22 日	3 月 23 日	3 月 24 日	3 月 25 日	3 月 26 日	3 月 27 日	3 月 28 日	3 月 29 日
指数	4002	5932	10376	8978	12846	9668	7501	3509	2409

资料来源：本文整理。

如图 15、表 18 和图 16 所示：

（1）百度搜索指数和百度媒体指数保持几乎一致的变化趋势。

图 15 所示的 2013 年 1 月 4 日至 2017 年 4 月 13 日博鳌亚洲论坛百度指数举办周平均值趋势图说明了媒体报道对于受众是有直接影响的。但是，2015 年和2016 年所呈现出来的百度搜索指数和百度媒体指数的高低反差，说明并非媒体报道量足够多，对受众产生的影响力就越大，还要注重媒体报道的传播有效率。

（2）论坛举办前后共 7 天的百度搜索指数平均值，整体呈现波动下降趋势。

根据表 18 和图 16 可知，2013~2017 年博鳌亚洲论坛举办前后共 7 天的百度搜索指数平均值，整体呈现波动下降趋势。其中在 2015 年达到最大值 24060，2014年达到最小值 5817，2013 年的搜索平均值约是 2017 年的 2.3 倍。

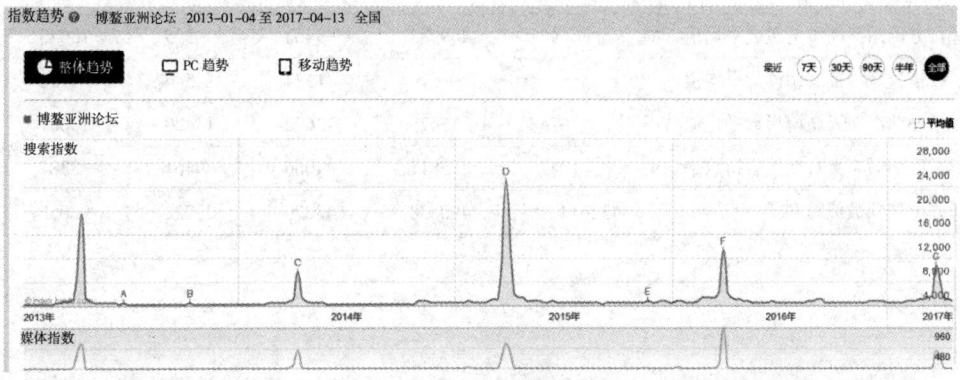

图 15　2013 年 1 月 4 日至 2017 年 4 月 13 日博鳌亚洲论坛百度指数举办周平均值趋势
资料来源：百度指数。

表18　2013~2017 年博鳌亚洲论坛举办前后共 7 天的百度搜索指数平均值

2013 年 4 月 4 日至 2013 年 4 月 10 日	19435
2014 年 4 月 6 日至 2014 年 4 月 12 日	5817
2015 年 3 月 24 日至 2015 年 3 月 30 日	24060
2016 年 3 月 20 日至 2016 年 3 月 26 日	9461
2017 年 3 月 22 日至 2017 年 3 月 28 日	8387

资料来源：本文整理。

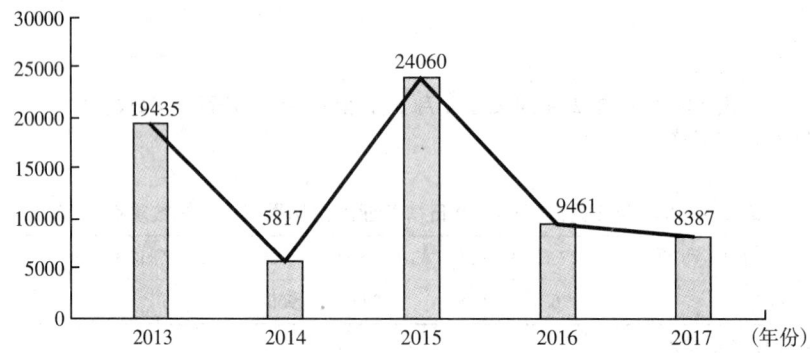

图 16　2013~2017 年博鳌亚洲论坛举办前后共 7 天的百度搜索指数平均值
资料来源：本文整理。

6. 博鳌亚洲论坛年会传播效果横向和纵向的比较评估结论

通过对博鳌亚洲论坛年会在官方网站、微信公众号、微博指数和百度指数这四个方面的传播效果分别所做的具体数据分析，本文已经评估出在以上四个方面的每一个方面 2013~2017 年博鳌亚洲论坛年会的传播效果。接下来便要对其进行汇总，综合比较、整体研究 2013~2107 年博鳌亚洲论坛年会的传播效果。

表 19　2013~2017 年博鳌亚洲论坛年会在四个方面评估的传播效果情况

	2013 年	2014 年	2015 年	2016 年	2017 年
官方网站新闻浏览次数平均值	366431	469982	599463	295	73043
微信公众号推文阅读量平均值	—	16	1134	546	958
举办前后 7 天微博指数平均值	46748	15023	23622	13420	13667
举办前后 7 天百度搜索指数平均值	19435	5817	24060	9461	8387
以上四项数值总和	432614 以上	490838	648279	23722	96055

资料来源：本文整理。

表 20　2013~2017 年博鳌亚洲论坛年会在四个方面传播效果的排名情况

	2013 年	2014 年	2015 年	2016 年	2017 年
官方网站新闻浏览量排名	第三名	第二名	第一名	第五名	第四名
微信公众号阅读量排名	—	第四名	第一名	第三名	第二名
微博指数 7 天平均值排名	第一名	第三名	第二名	第五名	第四名
百度搜索指数 7 天平均排名	第二名	第五名	第一名	第三名	第四名
以上所得排名数值的总和数	7~11	14	5	16	14

资料来源：本文整理。

如表 19 和表 20 所示并综合以上可以得出以下结论：

（1）2015 年论坛的整体传播效果最好，2016 年整体传播效果最差。

2013~2017 年，博鳌亚洲论坛年会在官网、微信、微博指数和百度指数的整体传播效果没有随着年限的增加而直线式增强或者减弱，而是呈现波动下降的趋势。考虑到 2013 年的微信公众号平均阅读量空缺，结合现实情况可以对其进行范围数值评估，在比较指标相同的情况下，无论是将每年在四个方面的传播效果排名数相加还是将每年四个方面所得平均值相加，最终二者计算的结果都可以得出 2015 年的传播效果最好，2016 年的传播效果最差，在波动之中 2017 年较之 2013 年的传播效果还是有所减弱。

在进一步分析过程中发现，2015 年传播效果达到最好的原因除了以上所研究的在各传播渠道展现出来的优势外，2015 年习近平主席出席了博鳌亚洲论坛发表演讲且出席本届年会的领导人规模超过历届，显示了名人效应对于传播的巨大作用。而且 2015 年博鳌亚洲论坛的主题是"亚洲新未来：迈向命运共同体"，议题结合创新创业、大数据、人工智能等热点引起了广泛关注与共鸣。

（2）博鳌亚洲论坛官方网站的传播比其微信公众号对受众的影响力大。

从所统计出来的官方网站新闻的平均阅读量、微信公众号文章的平均阅读量的整体数值大小可以看出，官方网站的传播让更多的人产生了认知效果，相比之下，微信公众号的阅读量就显得很少了。但是，微信公众号除了阅读量还有点赞量功能，这是受众在态度和心理上的传播效果反馈，官网无法提供该功能，而博鳌亚洲论坛年会的微信公众号点赞量很低（在本文第二部分可以看出）。除此以外，本文第三部分对博鳌亚洲论坛官方微博的传播效果之小亦有提及，可见，博鳌亚洲论坛将它的官方网站作为其传播的主要阵地，微信公众号和微博的运营传播则相形见绌。

（3）社交媒体微博较之百度搜索引擎显示出了更大的传播反馈能力。

通过 2013~2017 年微博指数和百度搜索指数的整体数值比较，可以发现更多的受传者选择通过微博这一社交媒体进行反馈，而且较之百度搜索引擎，在微博这个社交平台上面，用户之间可以就博鳌亚洲论坛年会的动态进行即时的交流互动，并且受传者可以进行二次或 N 次传播。除了微博指数的热词数据反馈，还能够通过受众对微博的点赞、转发、评论等更精细地评估传播效果。微博搜索指数显示出了较大的受传者反馈能力，另外也折射出博鳌亚洲论坛官方微博本身对社交媒体传播影响力的开发力度不够。

7. 结语

本文通过对 2013~2017 年博鳌亚洲论坛年会在我国国内的公关传播效果进行评估发现：博鳌亚洲论坛的传播主体优势没有得到充分发挥，过度依靠官网使传播受限；微博、微信公众号的传播效应较差，缺乏对新媒体的运营管理；传播内容数量较多但传播效果不佳，传播对技巧的应用不够。博鳌亚洲论坛应该重视运营新媒体平台，打造强有力的传播矩阵，做好议程设置工作，增强传播内容的吸引力，利用名人效应发挥意见领袖的裂变传播作用，加强与受众的沟通，利用受众反馈进行复盘。囿于客观条件未能对博鳌亚洲论坛年会在这五年间在其他国家的传播效果做总结分析是本文存在的不足。但值得注意的是，"一带一路"倡议诞生于我国，博鳌亚洲论坛年会每年在我国的海南·博鳌举办，但是其公关传播效果却不容乐观且并非随着年限的增加而有所提高，这不仅启示国际组织要加强和活动举办国的公关传播合作，还显示了及时对国际公关传播效果进行评估的重要性，这样才能够有针对性地探求到有效开展国际公关的策略。

参 考 文 献

张辉."一带一路"倡议中的国际公关 [J]. 国际公关，2018（1）：94-96.

柳建文."一带一路"背景下国外非政府组织与中国的国际区域合作 [J]. 外交评论，2016（5）：
　　1-30.

叶蔚云."一带一路"环境下我国国际公共关系的战略转变 [J]. 探求，2017（6）：105-114.

张业安，肖焕禹，冉强辉. 大型体育赛事媒介传播效果影响因素的多维考察 [J]. 体育学刊，
　　2013（1）：38-43.

付静. 自媒体《罗辑思维》的传播效果研究 [D]. 大连理工大学硕士学位论文，2016.

张默然. 华语电影节国际传播影响力建构探析——以 2015 年华语电影节为例 [J]. 现代传播
　　（中国传媒大学学报），2016（5）：165-167.

郭顺利，张向先，李中梅. 高校图书馆微信公众平台传播影响力评价体系研究 [J]. 图书情报工
　　作，2016（4）：29-36.

吴玉兰. 财经媒体官方微博传播影响研究——以 "@财新网" 为例 [J]. 现代传播（中国传媒
　　大学学报），2014（6）：53-57.

舒宏武，陈凤娇，傅洋. 基于媒体报道数据的上海世博影响力的定量分析 [J]. 南通职业大学
　　学报，2011（4）：61-64.

高管声誉、儒商文化与企业慈善行为*
——基于方太集团的案例研究

吴皞玉　徐　宁　李婷婷　张　阳**

【摘要】 而学术界却鲜有学者对高管声誉与企业慈善捐赠行为的关系做出研究。本文基于方太多年的捐赠实例，研究高管声誉、儒商文化对企业慈善行为的动机形成机制和动态变化过程。研究表明，企业成长初期战略性动机要求企业进行一定的慈善捐赠活动，在积累了一定的企业声誉和高管声誉之后，高管声誉更多的是基于外部契约促使企业更多地履行社会责任，儒商文化内化会促使企业以利他动机主动承担社会责任。本研究为高管声誉、儒商文化与企业社会责任研究提供了新的例证。

【关键词】 高管声誉；慈善捐赠；方太；儒商文化

Executive Reputation，Confucian Business Culture and Corporate Philanthropy：A Case Study of Fangtai Group

WU Haoyu　XU Ning　LI Tingting　ZHANG Yang

Abstract However，few studies have been conducted on the relationship between executive reputation and corporate charitable donation behavior. Based on the case of Fangtai Group's donation，this paper studies the formation mechanism and dynamic change process of executive reputation and Confucian business culture on corporate philanthropy. The research shows that the strategic motivation of enterprise growth requires a certain charity donation activities，and that after accumulating a certain corporate reputation and executive reputation，the executive reputation will drive enterprises to perform social responsibility via external contracts，while the in-

* 国家自然科学基金青年项目（71302089）；国家自然科学基金面上项目（71272120）；山东大学人文社科青年团队项目（IFYT17040）；山东大学青年学者未来计划（2017WLJH44）。

** 吴皞玉（1995—），女，江苏泰州人，山东大学管理学院硕士研究生，研究方向为公司治理，E-mail：haoyu12344@163.com；徐宁（1982—），女，山东济南人，山东大学管理学院副教授，硕士生导师，管理学博士，应用经济学博士后，主要研究方向为公司治理，E-mail：xuning305@163.com；李婷婷（1994—），女，山东昌乐人，山东大学管理学院硕士研究生；张阳（1993—），女，山东大学管理学院硕士研究生。

ternalization of Confucian business culture will promote enterprises to take social responsibility via altruistic motivation. This study provides a new example for the study of executive reputation, Confucian business culture and corporate social responsibility.

Keywords　Executive Reputation; Charitable Donations; Fangtai Group; Confucian Business Culture

1. 引言

慈善行为是企业履行社会责任的重要组成部分。慈善捐赠是企业保护产权、建立政治关系的重要渠道（戴亦一等，2014）。Smith（1994）倡导了"新企业慈善行为"（The New Corporate Philanthropy），强调慈善活动管理应当与其他生产经营活动整合起来，以达到通过慈善活动来提升企业知名度、提高雇员生产率、降低研发费用、减缓政府管制、推进企业各职能部门的协调发展的目的。随着时代的发展，社会公众对企业履行社会责任的要求越来越高。

目前，学者对企业慈善行为的研究多集中于捐赠动机与财务绩效之间的关联。同时越来越多的学者开始研究中国的制度环境对企业慈善行为的影响。不断推进制度环境的市场化改革（包括理顺政府与市场的关系、大力发展非国有经济、提高产品市场发育程度、提高要素市场的发育程度、促进中介组织发育和改善法律制度环境）可以降低中国企业因"主动配合"或"被动选择"而进行慈善捐赠的动机。Campbell 等（1999）、Werbel 和 Carter（2002）、Hemingway 和 Maclagan（2004）等的研究发现，企业慈善行为与公司经理人员的个人价值观及兴趣高度相关。但是，目前对企业慈善捐赠的研究大多基于大样本的实证分析，忽略了企业内高管个人特征与企业文化的影响。方太集团是目前中国推行儒家文化的一家典型民营企业，近年来发展良好，其高管所体现的儒商文化也引起了广泛关注。本文分析了方太集团多年的捐赠实例与高管声誉，提出了儒家思想影响下，高管声誉与慈善捐赠行为之间相互促进的关系。2008 年之后，方太大规模的慈善捐赠行为与逐年增加茅忠群的百度新闻报道次数、获得的奖项之间具有一定的关联。在儒家思想的影响下，高管声誉的提升会促使企业进行更多的慈善捐赠行为，而同时慈善捐赠行为会塑造企业与高管良好的形象，提升企业声誉与高管声誉。

本文的主要研究贡献在于：第一，运用方太集团的单案例进行分析，探讨儒家文化、高管声誉与慈善捐赠之间的关系，构建了纵向发展下高管声誉对慈善捐赠行为影响的路径模型；第二，由于高管声誉具有的内隐性特征，仅采用大数据样本进行计量分析难以对其作用机理等内容进行准确的界定与阐释。在中国特殊的制度环境及文化情境之下，研究高管声誉激励的治理效应及作用机理需要借助案例研究等质性方法。本文对高管声誉的实证研究内容进行了一定的补充。

2. 理论基础

2.1　企业慈善捐赠的动机

（1）战略动机，战略性慈善行为认为企业捐赠有助于提升企业的战略地位，获取诸如声誉资本等战略性资源，并最终提升企业绩效（Godfrey，2005）。不少学者试图证明"企业可以通过慈善捐赠行为来赚钱"来说服"股东利益至上"的支持者，先后提出"战略性慈善""慈善营销"等观点，指导企业通过慈善捐赠行为，在公众中树立良好的形象和声誉，增加社会无形资产和资源（Brammer，2006），创造更佳的经济效益。企业慈善动机是通过慈善来掩盖或者转移公众对企业其他不当行为或内在社会责任缺失的关注，降低企业的声誉损失。

（2）政治动机，企业可能通过慈善捐赠来获取政府的好感和信任，建立或维持政治关系，并应对利益相关者给企业施加的压力。Pfeffer 和 Salancik（1997）认为，关系到公司持续发展的资源往往并不为公司所拥有，公司需要采取受到最小约束的措施来提高对外部关键资源的控制能力。由于政府能够为具有政治关联的公司提供如较低的税率和债务融资等好处，故而政治关联对于公司而言是关键资源而需要采取措施加以培养。为了提升政府对公司的信任，维护公司与政府间的政治关联，提高公司对关键资源的控制能力，在面临自然灾害政府救灾遇到困难的时候，公司便会为政府提供帮助和支持，参与慈善捐款。

（3）利他动机，慈善捐赠是企业不求回报的、体现良好公民的利他行为。Aquino 等（2007）以社会认知理论为依据的研究认为，道德认同和道德倾向对慈善捐赠行为具有重要影响。亲社会态度（Prosocial Attitudes）是指为他人的利益而采取的自愿行动，如分享、捐赠、关心、安慰和帮助等。

（4）管理层自利动机，即企业的高管意图通过慈善捐赠来提升自身的社会形象和地位等。区别于"战略性慈善"的观点，代理成本理论认为高管为了获得私人收益而推动公司慈善捐款，这损害投资者利益。从这一角度出发，慈善捐款不必然提高公司绩效，甚至由于慈善捐款成为高管享受在职消费的一种方式，而可能损害投资者利益。CEO 是企业中最有影响力的决策者，其对慈善的认知形成同样受到道德情感体验的影响。相比公司层面特征而言，CEO 个人的固定效应对于公司政策具有更强的解释力度（Brammer，2008）。

2.2　高管声誉与企业慈善捐赠行为

已有文献中多采用媒体报道次数（Media Counts）与高知名度奖项（High-profile Awards）来测量高管声誉。首先，由于新闻媒体倾向性的存在与专业性的缺失，媒体报道次数难以准确测量高管声誉。其次，尽管高知名度奖项是由商业领域的专家公开评选出的，具有一定的权威性，但也难以避免信息不对称的偏差，也忽视了利益相关者评价这一重要维度。因此，在中国情境之下进一步修正与完善高管声誉的测量方式，是实证研究深化与拓展的前提。鉴于此，王帅等

（2016）通过对海信电器、东阿阿胶等上市公司的部分高管进行访谈，提出获得的奖励或荣誉（如优秀企业家、劳动模范、五一劳动奖章等称号）、政协委员、人大代表等政治兼职，以及行业协会主要负责人等兼职是能够体现高管声誉的关键维度。依据资源依赖理论，政府掌握着关键资源的配置权力，这一特点造成了资源需求方对资源控制方的依赖（李维安等，2015）。在我国制度背景下，政府掌握着关系到公司生存和持续发展的资源分配权力，从而使与政府建立联系成为公司所需掌握的重要资源（Fan 等，2007）。贾明等（2010）通过研究汶川地震捐款数据发现，高管的政治关联促进公司慈善行为，表现为具有政治关联的上市公司更倾向于参与慈善捐款，且捐款水平更高。李四海（2012）发现，在管理者背景特征变量中是否有政治背景和政治背景类型对企业捐赠行为具有显著影响。

具有政协委员、人大代表等政治型声誉的高管，出于对维护自身政治型声誉的需要和为企业获取政府支持的需求，会倾向进行企业慈善捐赠行为。获得奖励型声誉的高管，在社会认可度和地位方面经历了短时间内的大幅度提升（Shi 等，2017），进行企业慈善捐赠活动可以持续为其获得美誉度。而获得专业型声誉的高管，本身具备了一定的行业认可度，率先进行企业慈善捐赠或者大规模的慈善捐赠都有利于塑造其行业领导者的地位形象。企业进行慈善捐赠可以向社会公众发布企业运营良好的信号，有利于高管巩固自身地位。此外，媒体和社会公众的监督对高声誉高管提出了更高的社会责任履行要求。

2.3　高管声誉、儒商文化与企业慈善捐赠行为

"儒商"就是亦儒亦商，实际上是指运用儒家思想作为经营理念来进行经商、管理及各种经济活动的人，或者说是怀抱儒家价值的商人或企业家。"儒商"是"儒士"与"商人"两种不同典型人格的复合。儒商应是儒家文化精神尤其是儒家伦理价值观念和商业经营活动有机结合的产物（唐任伍和卢少辉，2006）。王兴元等（2012）依据验证性因子分析模型假设及路径回归权重计算，构建企业家儒商文化特征评价模型，提炼出反映儒商文化特征的仁、义、礼、智、信、中庸、和为贵、关系八个方面测项。儒商文化对企业履行社会责任提出了更高的要求。当企业高管被儒商文化所影响时，儒商文化中的仁、义会体现高管的战略决策中，高管更会注重自身的长远发展，注重自身及企业声誉，做出企业慈善捐赠行为。

3. 研究设计与案例介绍

方太集团创建于 1996 年，定位于高端厨电领域，坚持"专业、高端、负责"的战略性定位。多年来，方太集团积淀了底蕴深厚的企业文化，而对国学的传承，更被视作方太企业文化的重要组成部分；方太推行"以儒治企"，通过开设企业孔子堂、向员工讲授《三字经》及《弟子规》、开启晨读经典等活动，让儒家"仁义礼智信"的思想精髓深入企业的方方面面；更通过倡导员工在工作生活中"日行一善"，在公司内外实践推己及人的"仁爱之道"。

茅理翔，方太厨具董事长。1941 年生，宁波人。做过 10 年会计、10 年供销员；1985 年 45 岁时创办慈溪无线电厂，被誉为"点火枪大王"；1995 年 55 岁时二次创业，和儿子茅忠群创办方太厨具，是家族企业解决好接班人的典型。2005 年方太创业 10 周年，茅理翔从方太董事长一职退休，转任整个集团主席。

茅忠群 1969 年生，慈溪人。1991 年毕业于上海交通大学，获电力系统自动化专业、无线电技术专业学士学位；1994 年获电子电力技术专业硕士学位；2002 年毕业于中欧国际工商管理学院，获工商管理硕士学位。1996 年创立方太集团，现任方太集团董事长兼总裁，开创了现代儒家管理模式，被誉为现代"儒商"。担任中国五金制品协会副理事长。2017 年担任宁波市人大代表。

《福布斯》中文版发布了《2015 中国慈善榜》，宁波方太集团茅理翔父子因向浙江大学教育基金会捐赠 2000 万人民币，用于支持设立"浙江大学管理学院企业家学院"，居本年度教育捐赠的浙江地区榜首（全国慈善捐赠排名第 38 位）。

4. 案例讨论与分析

4.1　1996~2005 年创业十年，以质为道

茅理翔父子在创立方太时，在企业内牢固树立"质量第一"的观念，强化全体员工的质量意识。1996 年，方太在同行业首先通过 ISO 9001 国际质量体系认证。此后，方太按照 ISO 9001 的标准来管理企业，至少一个月检查一次运作情况和内审情况，至少半年进行一次管理者评审。方太吸油烟机自 1996 年 8 月投放市场后，产品立即被销售一空，奇迹般地创造了一个又一个前所未有的"卖方市场"。1998 年，其市场占有率跃居同行业第二，占领了 20% 的国内市场。1999 年 1~6 月完成工业总产值同比增长了 88.68%。其产品不仅在数量上取胜于同类企业，更为重要的是在质量上傲视同行。短短两年时间，方太产品先后被评为"中国消费者信得过名优产品""1998 全国市场畅销十大主导品牌""中国名牌产品""浙江省吸油烟机购物首选品牌"。

1999 年之后，方太从世界 500 强企业中挖掘了一部分高级管理人员。人力资源总监来自日本美能达，企管总监来自日本富士施乐，销售总监来自美国可口可乐，热水器销售总监来自德国西门子。茅忠群认为，世界 500 强培养出的职业经理人具有一定的管理经验，出错率可能较低，最关键的是可以向他们学习西方先进的管理思想，从而规范方太的运营。在"空降师"到位之后，茅忠群将这些来自不同外企的经理人的做法吸纳创新，结合方太的特质，总结出 25 条管理原则，几年后进一步调整为 20 条。阶段性地大量引进"空降兵"，帮助年轻的方太迅速构建起管理体系，也为其形成自己的人才培养能力赢得了时间。而在经历了市场开拓之后，茅忠群又将眼光投向了企业文化，他知道，想在更高的层次上推动企业的进步，必须要结合文化的力量。

方太成立之后的十年中，一直讲求建立符合企业未来发展的企业文化。2000 年，茅理翔在谈及企业文化时，指出方太的首要责任是在同行业中给予顾客最满

意的产品和服务，把组织成员的正气与良好的团队协作看作是实现方太远大目标的根本前提，尊重并且关心方太大家庭的每一位成员，并且让他们相信方太企业的成功是每个人实现自身价值的重要途径，所有工作任务都应该以创新与卓越的方式去完成。因此，亲和力、凝聚力、团队力、创新力是方太文化的鲜明特点。方太提出自身的使命是"成为一家充满活力、令人向往、受人尊敬的世界一流企业，不断为人类提供更新、更好的厨房文化与生活方式，竭尽全力，让家的感觉更好。

1996~2005 年，基于方太高端厨卫的定位，茅理翔父子将产品质量放在首位。在这一阶段，方太并未做出太多的慈善捐赠行为，然而提供高质量产品也是企业社会责任的体现。这一定位可以视为基于战略性慈善行为和政治动机的体现，目的在于提升企业的战略地位，获取诸如声誉资本等战略性资源，并最终提升企业绩效。

4.2　2006~2008 年学习国学，慈善萌芽

由于茅忠群接受过良好的教育，一开始是利用西方的管理制度来管理企业，管理也算规范，但是家族企业滋生的惰性文化、官僚文化，用西方的管理制度管理不好企业。同时，方太吸纳的一些高级人才，由于是空降到该企业，在很多方面不适应，而且留不住人才，这个时候茅忠群开始思考，西方的管理方式是否适合中国国情。2005 年起，茅忠群在北大、清华的国学班里认真学习。"一个没有信仰的企业永远不会成为世界一流的企业"，茅忠群说，"不管信什么，有信仰就会完全不同。没有信仰会无所畏惧，行为是没有底线的。"比很多企业只是进行《弟子规》之类的培训更进一步，茅忠群没有止步于将儒学仅仅停留于文化层面，而是真正做到了融入管理，甚至渗透进制度中。"制度设计背后都有价值观的支撑，崇尚法家、儒家或者西方哲学，制定的制度一定不同。因为背后对人性的假设都不同。"他解释说。当西式管理人才在与企业文化融合后，方太却迎来了新的问题，即"在外企的制度中，外国人看到的是规矩，但中国人看到的却是漏洞，并会想着如何去规避"。

2005 年茅理翔退任公司董事长，由茅忠群正式接任。2006~2008 年是方太思考转型的三年，方太在运用了西方管理思想后，茅忠群思考用中式企业文化与西式管理制度共同管理企业。西式管理制度的规范、标准化思想在中国家族企业内的运用仍存在一定的问题。从百度新闻搜索频次和茅忠群获奖情况可以看出，2007 年两人的百度新闻搜索频次达到了一个小高峰。这一阶段关于两人的百度新闻大多是茅忠群接班方太的新闻。2008 年，众多企业纷纷为汶川地震进行慈善捐赠，方太也是其中之一。这一阶段，方太开始小范围内进行慈善捐赠，这也不再单纯出于战略性慈善目的。受到国学思想与汶川地震的影响，方太的慈善捐赠行为已经开始有所转变。2008 年向汶川灾区捐款并启动"方太中国乡村教师关怀计划"，与此同时，茅理翔、茅忠群的高管声誉也得到了一定的提升。从这一阶段可以看出，企业慈善行为在外界看来会被视为管理层的功劳，而方太作为家族企业，外界对企业慈善捐赠更会将其归因为高管的决策，从而高管的声誉会

得到一定的提升。

4.3　2008~2017 年儒家影响，慈善内化

2008 年后，方太实施的一系列措施将儒家思想运用到了企业管理之中。第一，公司建立孔子堂，公司的高管们每周都会去那里交流心得并做书目推荐，同时为每一位员工准备《三字经》《千字文》《弟子规》等儒家思想启蒙读物，每周根据企业精神向员工传授相应的儒家文化思想和理念，行政人员每天上班前提前10 分钟到各自办公室朗读儒家经典。第二，对员工进行培训：一部分是传统的培训，注重工作知识和技能；另一部分是"教育计划"的培训，注重企业文化、道德教化、传统文化方面的教育。方太将员工的错误按照严重程度依次减弱分为A、B、C 三类，比如迟到早退属于最弱的 C 类错误，以前的处理方法是罚款 20元，推行儒家文化后，按照儒家文化的管理理念，改为由主管找犯错者谈话，目的是建立员工内心的羞耻感。方太贯彻儒家文化最好的体现是身股制。最初的"身股制"是规定公司拿出上年度净利润总额约 5% 比例的分红，分给所有入职满两年的员工，每年分红两次，时间分别定在端午节和孔子诞辰日（9 月 28 日）。而员工不需要投资入股，只是依据自己持有身股的多少参与分红。在总部进行试运行之后，2011 年"身股制"进行全员覆盖，开始延伸到各个事业部及分布在全国各地的 49 个办事处，员工人数超过 6000 名。儒家思想强调仁义平衡，做事要合理合宜，既然身股制的性质是激励机制，那就应该全员覆盖。至此，方太员工福利实现五个"全覆盖"，即五大社会保险全员覆盖、住房公积金全员覆盖、"身股制"全员覆盖、带薪年休假全员覆盖、工作补贴全员覆盖。

方太 2008 年向汶川灾区捐款并启动"方太中国乡村教师关怀计划"，2013年向雅安、余姚等灾区捐款捐物，帮助救灾及灾后重建工作，2014 年向鲁甸灾区捐款 50 万元。截至 2016 年底，方太集团累计向社会捐款 2500 余万元。设立"宁波市贫困大学生助学计划""慈溪市方太扶困助学基金""复旦大学方太奖学金""北京师范大学方太专项奖学金"等。多次捐助慈溪爱康协会、宁波协和预防肿瘤协会、浙江省老干部协会等，累计超过 20 万元；同时积极响应浙江省"五水共治"号召，向各级政府部门捐款 500 万元。2015 年 6 月 27 日，方太在四川设立的首个"国学图书室"落成。该图书室位于眉山市仁寿县慈航镇兴华小学。

方太稳步发展，找不到明显的转折点，这是因为每个结果都来自大量的思考。大的战略方向制定之后，每年茅忠群还会组织几次战略研讨，做细微调整，同时加深执着的力量。而一旦发现问题，马上刹车，绝不拖沓。

随着方太践行儒家思想，高管声誉逐渐内化，方太的慈善捐赠动机已经逐渐转变为利他动机。方太在 2008 年之后进行了大规模的慈善捐赠行为，茅忠群的百度新闻报道次数逐年增加、获得的奖项也逐年增加，高管声誉稳步提升。在这一阶段，高管声誉与慈善捐赠行为已经是互相促进的关系，在儒家思想的影响下，高管声誉的提升会促使企业进行更多的慈善捐赠行为，而同时慈善捐赠的行为会塑造企业与高管良好的形象。方太提升企业声誉与高管声誉详情如表 1、

表 2 所示。

表 1　茅理翔父子 2003~2016 年百度新闻报道次数

百度新闻报道次数	2003年	2004年	2005年	2006年	2007年	2008年	2009年	2010年	2011年	2012年	2013年	2014年	2015年	2016年
茅理翔	11	56	62	58	157	78	197	454	256	284	172	225	189	134
茅忠群	16	34	45	54	68	61	170	238	364	324	520	653	449	581

资料来源：笔者整理。

表 2　茅忠群获奖情况

2003 年	《经理人》中国商界 MVP 金奖
2004 年	入选中国"10 位最有价值 40 岁以下新生代企业家"
2007 年	宁波"十大发明之星"
2009 年	"中国最佳 CEO"（《当代经理人》杂志）
2010 年	全国质量工作先进个人
2012 年	"浙江省优秀中国特色社会主义事业建设者"称号/2010~2012 年度宁波市劳动模范称号
2013 年	财智绅士
2014 年	《浙江日报》评选为首届"光荣浙商"
2015 年	"风云浙商"
2016 年	"风云浙商"/"青庐会企业成就奖"

资料来源：笔者整理。

5. 结论与讨论

本文分析了方太集团多年的捐赠实例与高管声誉，梳理了在儒家思想影响下，高管声誉与慈善捐赠行为之间相互促进的关系。1996~2005 年，方太并未做出太多的慈善捐赠行为，然而提供高质量产品也是企业社会责任的体现。这一定位可以视为基于战略性慈善行为和政治动机的体现，目的在于提升企业的战略地位，获取诸如声誉资本等战略性资源，并最终提升企业绩效。从 2006~2008 年方太的发展可以看出，企业慈善行为在外界看来是管理层的功劳，而方太作为家族企业，外界更易将其慈善捐赠归因为高管的决策，从而高管的声誉会得到一定的提升。方太在 2008 年之后进行了大规模的慈善捐赠行为，茅忠群的百度新闻报道次数逐年增加、获得的奖项也逐年增加，高管声誉稳步提升。在这一阶段，高管声誉与慈善捐赠行为已经是互相促进的关系，在儒家思想的影响下，高管声誉的提升会促使企业进行更多的慈善捐赠行为，而同时慈善捐赠的行为会塑造企业与高管良好的形象，提升企业声誉与高管声誉。

由于高管声誉具有的内隐性特征，仅采用大数据样本进行计量分析难以对其作用机理等内容进行准确的界定与阐释。在中国特殊的制度环境及文化情境之下，研究高管声誉激励的治理效应及作用机理需要借助案例研究等质性方法。本文采用单案例研究方法，对方太多年的捐赠实例进行阐述，分析了儒家文化、高管声誉与慈善捐赠的关系，对高管声誉的实证研究内容进行了一定的补充。

参 考 文 献

戴亦一，潘越，冯舒. 中国企业的慈善捐赠是一种"政治献金"吗？——来自市委书记更替的证据 [J]. 经济研究，2014 (2)：74-86.

Smith，C. The New Corporate Philanthropy [J]. Harvard Business Review，1994 (5 -6)：105-114.

Campbell，L.，C. S. Gulas，T. S. Gruca. Corporate Giving Behavior and Decision-Maker Social Consciousness [J]. Journal of Business Ethics，1999，19 (4).

Werbel，J. D.，S. M. Carter. The CEO's Influence on Corporate Foundation Giving [J]. Journal of Business Ethics，2002，40 (1)：47-60.

Hemingway，C. A.，P. W. Maclagan. Managers' Personal Values as Drivers of Corporate Social Responsibility [J]. Journal of Business Ethics，2004，50 (1)：33-44.

Godfrey，P. C. The Relationship between Corporate Philanthropy and Shareholder Wealth：A Risk Management Perspective [J]. Academy of Management Review，2005 (30)：777-798.

Brammer，S.，A. Millington，S. Pavelin. Is Philanthropy Strategic? An Analysis of the Management of Charitable Giving in Large UK Companies [J]. Business Ethics：A European Review，2006，15 (3)：234-245.

Pfeffer，J.，G. R. Salancik. The External Control of Organizations：A Resource Dependence Perspective [M]. New York：Harper & Row，1997.

Aquino，K.，A. Reed and S. Thau，et al. A Grotesque and Dark Beauty：How Moral Identity and Mechanisms of Moral Disengagement Influence Cognitive and Emotional Reactions to War [J]. Journal of Experimental Social Psychology，2007 (43)：385-392.

Brammer，S.，and A. Millington. Does it Pay to Be Different? An Analysis of the Relationship between Corporate Social and Financial Performance [J]. Strategic Management Journal，2008，29 (12)：1325-1343.

王帅，徐宁，姜楠楠. 高管声誉激励契约的强度、效用及作用途径——一个中国情境下的实证检验 [J]. 财经理论与实践，2016 (3)：69-76.

李维安，王鹏程，徐业坤. 慈善捐赠、政治关联与债务融资——民营企业与政府的资源交换行为 [J]. 南开管理评论，2015，18 (1)：4-14.

Fan，J. P. H.，T. J. Wong，T. Zhang. Politically Connected CEOs，Corporate Governance，and Post -IPO Performance of China's Newly Partially Privatized Firms [J]. Journal of Financial Economics，2007，84 (2)：330-357.

贾明，张喆. 高管的政治关联影响公司慈善行为吗？ [J]. 管理世界，2010 (4)：99-113.

李四海. 管理者背景特征与企业捐赠行为 [J]. 经济管理，2012，34 (1)：138-152.

Shi，W.，Y. Zhang，R. E. Hoskisson. Ripple Effects of CEO Awards：Investigating the Acquisition Activities of Superstar CEOs' Competitors [J]. Strategic Management Journal，2017，38 (10)：2080-2102.

唐任伍，卢少辉. 儒家文化对"儒商"管理伦理的塑造 [J]. 经济管理，2006 (11)：25-28.

王兴元，张鹏. 企业家儒商文化特征的一种分析与评价 [J]. 经济管理，2012，34 (9)：180-188.

中国情境下高管声誉对上市公司 R&D 投资的双重效应研究 *

徐　宁　王雪凝　张　阳 **

【摘要】作为具有双重效应的公司治理契约，良好的高管声誉究竟是推进企业技术创新的动力还是抑制创新的桎梏？针对该问题，本文运用 2007~2016 年中国沪深 A 股上市公司的平衡面板数据，对高管声誉与 R&D 投资之间的非线性关系及高管薪酬的中介效应进行实证检验。研究表明：高管声誉与 R&D 投资之间具有显著的倒"U"形关系；高管声誉通过倒"U"形曲线效应影响了高管薪酬，进而促进了高管声誉与 R&D 投资之间的倒"U"形关系，即高管薪酬在高管声誉与 R&D 投资的关系中间起到了中介传导作用。研究结论突破了以往的线性视阈，以期为技术创新导向的公司治理机制设计提供参考。

【关键词】高管声誉；高管薪酬；R&D 投资；非线性关系；中介效应

Research on the Dual Effect of Executive Reputation on R&D Investment in Listed Companies in Chinese Context

XU Ning　WANG Xuening　ZHANG Yang

Abstract　As a governance contract with double effects, is executive reputation the driving force for the executives to promote innovation or the shackles of innovation? It is a common issue in both theoretical and practical fields. In this paper, we test the non-linear relationship between executive reputation and R&D investment and the mediating effect of firm size, by using the balanced panel data of Chinese listed companies from 2007 to 2016. The research shows that there is an inverted U-shaped

---

* 国家自然科学基金青年项目"高管激励契约整合与中小上市公司成长：基于技术创新动态能力的中介效应"（71302089）；山东省自然科学基金面上项目"上市公司高管声誉对技术创新战略决策的作用机制"（ZR201709190459）；山东大学青年学者未来计划"中国情境下高管隐性激励契约的价值创造效应研究"（2017WLJH44）。

** 徐宁（1982—），女，山东济南人，山东大学管理学院副教授，硕士生导师，山东大学公司治理研究中心特邀研究员，研究方向为公司治理，电子邮箱：xuning305@163.com；王雪凝（1994—），女，山东聊城人，山东大学管理学院硕士研究生，研究方向为公司治理，电子邮箱：wangxnabc@163.com；张阳（1993—），女，山东莱芜人，山东大学管理学院硕士研究生，研究方向为公司治理，电子邮箱：zhangyang1084@163.com。通讯作者：徐宁、王雪凝。

relationship between senior management reputation and R&D investment. Executive reputation has an obvious effect on executive compensation by inverted U-curve effect, which in turn promotes the inverted U-type relationship between executive reputation and R&D investment. That means that executive compensation plays an intermediary role in the relationship between executive reputation and R&D investment. The conclusions of this paper break through the linear perspective and provide some references for the design of corporate governance mechanism for technological innovation-oriented companies.

Keywords Executive Reputation; Executive Compensation; R&D Investment; Non-linear Relationship; Mediating Effect

1. 引言

公司治理研究是基于委托代理关系产生并发展的，由于信息不对称的存在，委托人通常只能观测到经营结果，对高管团队的决策能力及具体行为知之甚少。高管激励契约的合理设计是缓解委托代理问题的有效途径，尤其是能够改善高管的短期行为，从而促进企业的技术创新，这体现了高管激励契约的价值创造效应。然而，货币、股权等显性激励机制存在局限性，随着激励力度的增加，效用会逐渐弱化。作为一种兼具激励性与约束性的隐性契约，高管声誉是改善显性激励不足的治理机制之一，对于企业、股东与高管自身均具有重要意义。对于企业而言，高管声誉是一项关键的无形资产，是外界对高管过往表现的评价以及对高管能力的认可。对于股东而言，声誉可以成为评估高管团队能力与行为的有效工具。对于高管自身而言，较高知名度已经证明了他们在能力、诚信、可靠性、个人魅力等方面的优势，这对于影响市场对高管能力的看法至关重要。高管声誉是否也具有促进技术创新的价值创造效应呢？也就是说，拥有较高声誉的高管更有动力去进行创新？还是出于对既有声誉的患得患失而使其成为创新的桎梏？

关于高管声誉的研究可以分为其形成机制和作用结果两个方面。高管声誉的形成受到公司披露的财务绩效的影响，当公司具有较高财务绩效时，高管会获得良好的评价，当公司财务绩效不佳时，高管会收到较低的评价。声誉是市场对高管能力评价的综合表现，因此必然会受到利益相关者对其评价的影响。高管个人特质也是影响高管声誉的因素，比如高管的任期、学历等造就了不同高管的不同经历，因此也会影响高管声誉。另外，学术界关注了高管声誉的作用结果，主要包括高管声誉对于公司财务绩效及利益相关者行为的影响。由此可知，大多数文献对于高管声誉效应的研究重点在财务绩效等企业产出指标上面，而对声誉如何影响企业 R&D 投资的研究鲜有涉及。企业声誉是与高管声誉属性相似的概念，学术界对企业声誉促进还是抑制企业价值的提升结论不一，有研究表明，企业声誉能够为企业带来商誉和社会资本的增量，提升企业价值，但企业声誉的普遍适应性维度也可能会成为危机来临时企业价值的负担。那么，同样的情况是否会发生在高管声誉层面？大量文献表明，高管会努力提高自己的声誉来证明自己的能力以及在未来的经理人市场中获得更高的地位。这可能产生两种不同的结果，一方面技术创新的成功可以成为高管获得高声誉的途径，另一方面由于技术创新的高风险可能会对高管已有的声誉与社会地位产生负面影响。针对该问题，本文运用理论演绎与实证研究方法，以 2007~2016 年中国沪深 A 股上市公司平衡面板数据作为研究样本，对高管声誉与 R&D 投资之间的倒 "U" 形关系进行探讨，发现了公司规模在两者之间的非线性中介效应。

本文的研究贡献在于：第一，根据有效契约假说与寻租效应假说，构建了高管声誉对 R&D 投资水平的双重效应分析理论框架；第二，对高管声誉的测量进行了中国情境下的改进，国外多数关于个人层面声誉的研究局限于 CEO 一人，且多采用媒体报道次数与荣誉奖励来测量 CEO 声誉，但这具有单一情境下的局限性，而本文根据对部分公司高管的深度访谈内容对中国情境下高管声誉的测量进行了修正；第三，采用 Edwards 和 Lambert （2007）调节路径分析方法，验证了高管薪酬在高管声誉与 R&D 投资水平倒 "U" 形关系的中介效用，揭示并阐述了高管声誉对 R&D 投资的影响路径，打破了以往单一线性视角的思维方式，对技术创新导向的公司治理机制研究领域进行了深化与拓展。

2. 理论分析与研究假设

2.1　高管声誉对 R&D 投资的双重效应

基于传统的委托代理理论产生的有效契约假说表明，委托人使用全部相关信息来评价或者激励代理人可以减少代理成本，降低道德风险，从而提高契约的有效性。声誉是通过长期重复博弈的代理关系建立起来的有关高管能力的信号，是以高管的表现为基础而形成的外界对其贡献、能力的累积性认知。声誉是与高管的长期职业生涯相联系的，声誉高的 CEO 会主动为公司寻求长期利益最大化，而不太可能进行次优决策，这会使他们失去信誉和报酬。同时，高管声誉是其长期以来能力的载体和外在表现，将影响其在未来经理人市场的地位、报酬及相关利益。因此，在进行决策时高管会有维护自己良好形象的想法。当高管出于自己的自身利益而做出不当决策时，其声誉很可能会受损，因此，注重声誉的高管则会受到相应约束，从而实现声誉的控制功能。据此推断，高管声誉可以促使股东与高管利益的趋同，避免高管的短期行为，从而促进技术创新。

"寻租" 效应假说认为，追求良好声誉的高管容易将维护声誉作为主要目标，此时声誉就变成了负担。高管声誉没有标准的评价体系，它的形成受到多种因素的影响，是难以清晰描述的，并且带有主观性。媒体通常会将公司的战略成败与公司绩效归因于高管，如果高管自身也这样认为，会导致他们的过度自信从而影响决策的理性。此外，由于高管声誉形成需要经历一个较长的过程，同时又极易因为负面信息而遭受损失。当高管陷入法律或者道德困境时，媒体报道通常会夸大高管不好的际遇，引来更多的关注和质疑。这会强化高管维护自己声誉的动机，进行损失规避，避免采取风险较高的行为。预期理论认为，影响风险决策的不是最终结果的具体内容，而是其相对于一个参照点的位置，并且损失对决策者产生的心理效用大于等额收益。如果预期结果的损失大于收益，就会出现损失规避现象。但是由于实践中与契约有关信息的复杂性，会存在一些不可控因素影响代理人的业绩评价，高管会承担更多的风险，但并不一定获得对等的收益。这导致代理人承担额外收益风险的意愿降低，采取一些风险规避的行为。R&D 投资是风险性较高的活动，但是高风险就意味着有可能会影响当期对代理人的评价，自然会影响高管的报酬以及在经理人市场的前景，损害代理人自身的利益。因此，高管为了维护已有声誉，不愿意进行过多的 R&D 投资，会做出一个次优决策。根据两类假说，本文构建了高管声誉对 R&D 投资的双重效应理论模型，如图 1 所示。

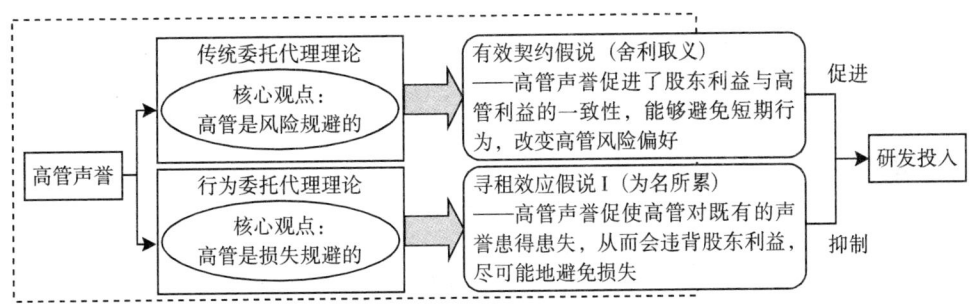

图 1　高管声誉对研发投入的双重效应理论模型

资料来源：根据相关文献整理。

　　高管声誉是市场对高管能力的评价，在高管声誉处于较低层次的时候，高管对声誉的敏感性较高，随着高管声誉的增加，为了应对社会压力，高管会做出最优决策，不会做有损企业利益的事情，以保持自身行为与外界认知的一致性。并且，周围环境对高管的评价越来越高，高管会有更高的抱负，对自己的决策制定能力更自信，愿意也觉得自己有能力做一些风险性较大的 R&D 投资。此时声誉是管理者进行风险承担的动力源泉，但当高管声誉达到一个较高水平，高管会对社会认知产生僵化。高管获得更高、更多的评价是高管个人行为积累的结果，是一个较长时间的持续过程，因此他们对声誉的敏感性减弱。当声誉提升到一定层次，再想进一步通过 R&D 投资获得较好的业绩表现，进而提高自己的声誉变得更加困难，而维持现有声誉也绝非易事，不求有功但求无过的心理过程会导致高管人员不愿意进行 R&D 投资，而且，高声誉的高管与企业所有者的讨价还价能力增强，在制定和公司有关的重要决策时有更强的话语权，企业所有者对高管的监督力度降低，会使高管有机会追求自己更高的私利。因此得出以下假设：

　　H1：高管声誉与 R&D 投资之间具有显著的倒"U"形关系，即高管声誉存在最优值，在高管声誉水平达到该最优值之前，高管声誉对 R&D 投资会产生正向影响，但超过该最优值，高管声誉对 R&D 投资会产生负向作用。

2.2　高管薪酬的非线性中介作用

　　高管拥有的良好声誉是其能力与行为在一段时期内的反映，而正是其拥有的这些被公众等利益相关者认可的能力，以及在战略决策与执行等方面的适当行为，构成了公司发展的主要驱动因素。因此，高管声誉对高管获得的报酬有必然的影响。多数研究证实了高管声誉对高管薪酬的正向影响，如 Milbourn（2003）认为，高管声誉是其管理能力的信号，高管声誉水平对以股权为基础的报酬——业绩敏感性具有正向影响。Wade 等（2006）通过研究证实了高管声誉对高管薪酬的正向影响甚至超过了不同绩效带来的薪酬差距。但他们同时也发现，财务绩效对高管声誉与高管薪酬之间的关系具有显著的调节效应，当 ROE 为正值时，高管声誉与薪酬之间呈正相关关系，而当 ROE 为负值时，财务绩效等同的条件下，高管声誉却对高管薪酬产生了负向影响。由此可知，高管声誉对高管薪酬的影响并不是简单的线性关系，而可能存在倒"U"形的非线性关系。徐宁（2016）提出，高管薪酬、声誉等激励契约方式之间存在互补效应。由激励相容性原理可知，一种有效的激励契约，要求经营者在追求个人利益的同时，其行为所取得的客观效果应该同时实现机制设计者的目标，即实现委托人所要达到的目的。而这些契约方式满足了不同的高管个人利益，同时也将这些不同的个人利益与公司整体利益的不同方面相结合。因此，在高管声誉水平达到最优值之前，高管声誉越高，给他带来的物质报酬越多，而当超过该最优值，具有较高声誉的高管对于薪酬的要求可能会相应下降，两者之间反而演变成了负相关关系。王建华等（2015）研究发现，前三位高级管理人员的报酬总额与专利申请量之间存在倒"U"形关系，具有较为显著的边际递减效应，呈现过度激励。也就是说，高管报酬与技术创新水平之间也呈现出倒"U"形的非线性关系。由此可知，高管声誉与高管薪酬之间也是倒"U"形的非线性关系。而且，高管声誉通过非线性的倒"U"形关系影响高管薪酬，并通过高管薪酬的中介效应影响了 R&D 投资。因此得出以下假设：

H2：高管声誉与高管薪酬之间具有显著的倒"U"形关系，即高管声誉存在最优值，在高管声誉水平达到该最优值之前，高管声誉对高管薪酬会产生正向影响，但超过该最优值，高管声誉对高管薪酬会产生负向作用。

H3：高管声誉通过倒"U"形曲线效应影响了高管薪酬，进而促进了高管声誉与 R&D 投资之间的倒"U"形关系，即高管薪酬在高管声誉与 R&D 投资的关系中间起到了中介传导作用。

3. 研究设计

3.1　样本选择与数据来源

由于 2007 年是《会计准则》要求上市公司披露 R&D 投资情况的始点，因此，本文选择 2007~2016 年中国沪深 A 股上市的公司作为研究样本。在初始样本基础上剔除了以下公司：①金融类公司；②ST 和 *ST 公司；③R&D 投资等数据缺失的公司。经过以上筛选，每年得到 498 家上市公司，10 年共计得到 4980 个有效观测样本的平衡面板数据。文中相关数据均来自国泰安（CSMAR）数据库。采用 SPSS16.0 与 STATA12.0 对样本数据进行实证分析。

3.2 变量定义与计算方式

表 1 变量定义

变量名称	符号	变量定义与计算方式
R&D 投资	R&D Input	公司年度披露的研发支出与主营业务收入之比
高管声誉	P–Reputation	政治型声誉,采用公司中兼任地市级以上(包括地市级)人大代表、政协委员等的高管人数比例及进行测量
	E–Reputation	专家型声誉,采用担任行业协会主要负责人的高管人数比例进行测量
	A–Reputation	奖励型声誉,采用公司中具有地市级以上(包括地市级)获得社会荣誉等的高管人数比例进行测量
	Reputation	通过主成分分析将上述三个维度整合为一个主变量
高管薪酬	Compensation	公司前三位高管薪酬之和的自然对数
股权集中度	CR	公司年末第一大股东所持股权数量占股权总数的比例
股权制衡度	Z	公司年末第一大股东与第二大股东之比
股权属性	OW	虚拟变量。实际控制人为国有,设为 1;实际控制人为非国有,设为 0
公司成长性	Growth	公司期末总资产增长率,等于期末总资产与期初总资产之差除以期初总资产
公司规模	Size	公司总资产的自然对数
财务杠杆	LEV	负债总额与资产总额的比值
两权分离度	SQ	控制权与现金流权之差,即 CR–OR。控制权(CR)等于控制链上所持有股份的最小值,现金流权(OR)等于最终控制人控制链上各个控制环节持股比例的乘积

3.3 研究方法与模型构建

相对于 Baron 和 Kenny(1986)的基本中介模型,Edwards 和 Lambert(2007)的一般分析框架中的调节路径分析方法(Moderated Path Analysis)是一种全效应调节模型,能够更加全面地分析中介模型中所有可能路径上的调节效应。因此,倘若要检验变量之间的非线性关系以及自变量与因变量之间中介效应的实现路径,Edwards 和 Lambert(2007)的调节路径分析方法是更有效的方法。本文选择该方法验证"高管声誉通过倒'U'形曲线效应影响高管薪酬,继而影响 R&D 投资,促成了高管声誉与 R&D 投资的倒'U'形关系",进行如下两阶段分析:

Step1:$W_{i,t} = \beta_1 + \beta_2 X_{i,t} + \beta_3 Z_{i,t} + \beta_4 X_{i,t} Z_{i,t} + e'_{i,t}$

Step2:$Y_{i,t} = \alpha_1 + \alpha_2 X_{i,t} + \alpha_3 W_{i,t} + \alpha_4 Z_{i,t} + \alpha_5 X_{i,t} Z_{i,t} + \alpha_6 W_{i,t} Z_{i,t} + e'_{i,t}$

其中,Y 为因变量 R&D 投资(R&D Input),X 为自变量高管声誉(Reputation),W 为中介变量高管薪酬(Compensation),Z 为调节变量。由于文中 Z 与 X 为同一变量,所以,XZ 为高管声誉的二次项,也是模型中的交互项,WZ 为高管薪酬和高管声誉的交互项,i 为横截面的个体,t 为时间,e 为残差。

　　首先，模型 1 用来检验"调节变量"（高管声誉）在中介变量（高管薪酬）与自变量（高管声誉）之间的"调节效应"，也是用来检验高管声誉对高管薪酬的倒"U"形曲线关系。

　　其次，模型 2 用来检验自变量（高管声誉）与因变量（R&D 投资）的关系，同时检验"调节变量"（高管声誉）与自变量（高管声誉）交互项（高管声誉的平方项）、中介变量（高管薪酬）、"调节变量"（高管声誉）以及"调节变量"（高管声誉）与中介变量（高管薪酬）的交互项之间的总效应，从而检验高管声誉与 R&D 投资之间的倒"U"形关系以及高管薪酬在它们之间的中介作用。为了进一步减少研究误差，提高实证研究结果的可靠性，本文在构建交互项时对变量进行了标准化处理。

4. 实证结果分析

4.1　描述性统计

　　主要变量的分年度描述性统计如表 2 所示。高管声誉水平的均值在 0.013 左右，2009~2013 年并未发生明显的变化，2014~2015 年有明显下降，2016 年又有了显著的提升。从每年的数据来看，高管声誉水平的最大值在 0.3050 左右，最小值为 0，这说明高管声誉水平在不同上市公司之间的差异性较大。R&D 投资的均值在样本期间呈现出明显的增长趋势，从 2007 年的 0.0007 增长到 2013 年的最大值 0.0032，虽然之后有些回落，但 2014 年与 2015 年仍保持在 0.0030 与 0.0029，增长了数倍，2016 年增长到了 0.0047，增长幅度较大。然而，需要注意的是，多年来我国上市公司 R&D 投资均值距离创新型较强的西方企业仍具有一定差距，同时，个体之间的差距较大，仍有部分公司的 R&D 投资 10 年来一直为 0。

表 2　主要变量分年度描述性统计

		2007 年	2008 年	2009 年	2010 年	2011 年	2012 年	2013 年	2014 年	2015 年	2016 年
高管声誉	Mean	0.0128	0.0130	0.0140	0.0142	0.0143	0.0141	0.0139	0.0126	0.0130	0.0142
	Max	0.2994	0.2614	0.3050	0.3050	0.3050	0.2528	0.2706	0.2092	0.2108	0.2311
	Min	0.0000	0.0000	0.0000	0.0000	0.0000	0.0000	0.0000	0.0000	0.0000	0.0000
	Std.Dev	0.0306	0.0280	0.0311	0.0295	0.0302	0.0280	0.0293	0.0262	0.0273	0.0311
高管薪酬	Mean	13.5030	13.6500	13.7442	13.9503	14.0852	14.1581	14.2173	14.3032	14.3182	14.4337
	Max	15.6529	16.0092	15.9209	15.9245	16.2747	16.9637	17.1668	17.1164	17.3525	16.6717
	Min	11.0186	11.7906	10.3609	10.3797	10.3080	12.2061	11.2118	12.5845	9.0384	12.6761
	Std.Dev	0.7644	0.7094	0.7290	0.7278	0.7287	0.6673	0.6726	0.6578	0.7456	0.6754
R&D 投资	Mean	0.0007	0.0017	0.0019	0.0019	0.0025	0.0028	0.0032	0.0030	0.0029	0.0047
	Max	0.0548	0.1611	0.1806	0.1169	0.1946	0.1475	0.1653	0.1121	0.1085	0.4164
	Min	0.0000	0.0000	0.0000	0.0000	0.0000	0.0000	0.0000	0.0000	0.0000	0.0000
	Std.Dev	0.0037	0.0098	0.0111	0.0093	0.0129	0.0125	0.0146	0.0119	0.0109	0.0255

4.2　变量之间曲线型关系的回归分析

在表3中，Step 1的模型中在控制变量的基础上加入了高管声誉以及高管声誉的平方项，通过Hausman检验选择了随机效应模型，而且模型具有整体有效性。实证分析的结果表明高管声誉的平方项与高管薪酬之间显著负相关（r = −9.5915，p<0.01），高管声誉一次项与高管薪酬之间显著正相关（r=2.9834，p<0.01）。该结果可以证明，高管声誉与中介变量高管薪酬之间存在倒"U"形曲线关系，即相对于声誉过高和过低的高管，具有适度水平高管声誉的高管薪酬更多。根据高管声誉的一次项和二次项系数可以看出，高管声誉水平的最优值为0.1552，在高管声誉水平从 0 到 0.1552 区间内，高管声誉对高管薪酬有正向影响，但高管声誉水平超过了 0.1552，两者之间就呈现出负相关关系。假设 2 得到证实。

表 3　高管声誉与 R&D 投资的非线性关系与高管薪酬的中介效应

变量＼模型	Step 1：高管薪酬（EC）		Step 2：研发投入（R&D）			
	Fixed	Random	Fixed	Random	Fixed	Random
股权集中度 (CO)	−0.0035*** (−3.06)	−0.0045*** (−4.55)	−0.0001*** (−2.79)	−0.0001*** (−3.47)	−0.0001*** (−3.47)	−0.0001*** (−3.42)
股权制衡度 (Z)	0.0004* (1.93)	0.0003* (1.82)	8.89e−06* (1.68)	8.82e−06 (1.32)	8.50e−06 (1.61)	8.56e−06 (1.29)
股权性质 (OW)	−0.1011* (−1.81)	−0.0949** (−2.32)	0.0006 (0.52)	−0.0005 (−0.66)	0.0008 (0.59)	−0.0004 (−0.52)
公司成长性 (Growth)	−0.0385*** (−5.78)	−0.0358*** (−5.97)	−0.00013* (−1.89)	−0.0001** (−1.98)	−0.0009 (−1.27)	−0.00005 (−1.16)
公司规模 (Size)	0.4892*** (31.80)	0.4648*** (33.99)	0.0015*** (4.23)	0.0011*** (4.91)	0.0009** (2.19)	0.0006** (2.11)
财务杠杆 (Lev)	−0.2759* (−1.73)	−0.3066* (−1.89)	−0.0009 (−0.85)	−0.0013 (−1.11)	−0.0006 (−0.74)	−0.0010 (−1.02)
两权分离度 (SQ)	−0.2831** (−1.99)	−0.2213* (−1.75)	0.0019 (0.30)	0.0008 (0.15)	0.0023 (0.36)	0.0010 (0.19)
高管声誉 (Reputation)	2.8797*** (3.84)	2.9834*** (4.35)	0.0135 (1.25)	0.0201* (1.87)	0.0484 (0.33)	0.0296 (0.32)
高管声誉的平方 (Reputation²)	−7.5773** (−2.23)	−9.5915*** (−2.61)	−0.1048 (1.56)	−0.1020* (−1.91)	−0.1006 (−1.54)	−0.0923* (−1.80)
高管薪酬 (Compensation)					0.0012 (1.33)	0.0010* (1.69)
高管声誉×高管薪酬 (Rep×Comp)					−0.0027 (−0.26)	−0.0009 (−0.13)
R²	0.3729	0.3724	0.0098	0.0089	0.0118	0.0110

续表

模型 变量	Step 1：高管薪酬（EC）		Step 2：研发投入（R&D）			
	Fixed	Random	Fixed	Random	Fixed	Random
F/Wald 检验	F=129.63 P=0.0000	Wald=1473 P=0.0000	F=3.33 P=0.0005	Wald=60.73 P=0.0000	F=2.90 P=0.0000	Wald=43.12 P=0.0000
Hausman 检验	chi2=13.12 Prob>chi2=0.1077 （选择 RE）		chi2<0 （选择 RE）		chi2<0 （选择 RE）	

注：***、**、* 分别表示在 1%、5%、10%的显著性水平上显著，括号内为 T 值或 Z 值；Hausman 检验：P 大于 0.05 则接受原假设，意味着模型为随机效应模型（RE）；否则拒绝原假设，采用固定效应模型（FE）；对 Hausman 设定检验无法判别的模型，采用随机效应模型；本表未报告常数项。

类似地，在 Step 2 的第一个模型中仅加入高管声誉一次项以及高管声誉的平方项，实证结果表明，高管声誉的平方项与 R&D 投资之间显著负相关（r=−0.1020，p<0.1），高管声誉一次项与 R&D 投资之间显著正相关（r=0.0201，p<0.1），该结果说明高管声誉与 R&D 投资之间呈现出倒"U"形的曲线关系。也就是说，相对于高管声誉过高和过低的公司，具有适中水平高管声誉的公司会进行更高的 R&D 投资，假设 1 得到证实。根据系数计算出，高管声誉的最优值为 0.099，在此值之前，高管声誉对 R&D 投资会产生正向影响，而在此值之后，高管声誉对 R&D 投资却产生了显著的抑制效应。Step 2 的第二个模型加入中介变量高管薪酬，以及高管声誉与高管薪酬的交互项之后，研究结果表明，高管薪酬与 R&D 投资具有显著正相关关系（r=0.0010，p<0.1），高管声誉的平方项的系数显著为负（r=−0.0923，p<0.1），再次证明了高管声誉与 R&D 投资的倒 U 形关系。但模型中高管声誉与高管薪酬的交互项对 R&D 投资的作用不显著，这表明高管声誉与 R&D 投资的关系不受高管薪酬的权变影响。综上所述并结合各个模型的分析结果，高管声誉与 R&D 投资的倒"U"形关系会经由高管薪酬的中介作用影响上市公司 R&D 投资，因而假设 3 也得到了证实。

综上所述，倒"U"形关系结论说明在高管声誉水平较低的时候，基于传统代理理论的有效契约假说起主要作用，当高管声誉水平提高时，声誉作为契约的一种表现，能够约束高管的行为，降低代理成本，高管愿意为了企业长远的发展承担风险从而进行 R&D 投资。高管声誉水平逐渐升高，R&D 投资会达到峰值。但是，此时高管声誉水平继续升高，以行为代理理论为基础的寻租效应假说会替代有效契约假说的地位。过高的声誉对于高管是一种负担，使高管为了保护自己高声誉带来的既有利益，降低进行 R&D 投资的意愿。

5. 研究结论与启示

外部环境的变化加速了产品更新换代，要求企业具有更强的研发能力，从而获得更为长久的发展。经理人由于受到任期的限制，很少会主动承担 R&D 投资的风险，通常会把任期内公司财务绩效放在首位。良好声誉能否成为高管推进技术创新的动力呢? 本文从高管声誉的双重治理效应出发, 基于 2007~2016 年中国沪深 A 股上市公司的平衡面板数据, 采用 Edwards 和 Lambert (2007) 的调节路径分析方法, 深入考察了高管声誉与 R&D 投资之间的非线性关系以及高管薪酬的中介效应。主要结论如下: 第一, 高管声誉对于 R&D 投资之间存在显著的倒 "U" 形关系, 也就是说, 具有 "有效契约效应" 与 "寻租效应" 的双重影响。在高管声誉水平达到最优值之前, 高管声誉对 R&D 投资会产生正向影响, 但超过该最优值, 高管声誉对 R&D 投资会产生负向作用。这与徐宁等 (2013)、Baix-auli-Soler 等 (2015) 对于高管股权激励与 R&D 投资之间非线性关系的研究结论具有内在逻辑上的一致性。第二, 高管声誉与高管薪酬之间具有显著的倒 "U" 形关系, 即高管声誉存在最优值, 在高管声誉水平达到该最优值之前, 高管声誉对高管薪酬会产生正向影响, 但超过该最优值, 高管声誉对高管薪酬会产生负向作用。第三, 高管声誉通过倒 "U" 形曲线效应影响了高管薪酬, 进而促进了高管声誉与 R&D 投资之间的倒 "U" 形关系, 即高管薪酬在高管声誉与 R&D 投资的关系中间起到了中介传导作用。通过构建上述三个变量之间的传导路径, 突破了以往线性视角的思维方式, 进一步丰富与拓展了公司治理与创新管理方面的研究。

　　本文的实践价值主要体现在: 第一, 为提高 R&D 投资水平, 对于高管就要进行适度的声誉激励。针对高管团队声誉水平较低的情况, 一方面可以聘请较高声誉的高管来提高团队声誉水平, 正如 Weng 和 Chen (2017) 所得的结论那样, "做得好" 不如 "选得好", 聘请高声誉高管会给企业带来更好的财务绩效; 另一方面可以通过 "公司影像志" "公司大事记" "公司年鉴" 等形式来提高现有高管对声誉的认知及其在企业内部的声誉水平, 逐步引导或者影响媒体及第三方对其声誉的评价。第二, 针对过高声誉可能带来的负面效应, 可以通过适当的约束机制来进行规避。当高管拥有过高的声誉之后, 高管声誉的约束性会大大减弱, 因此相应的外部约束机制, 如信息披露制度、独立的审计制度等则亟须发挥其应有的作用。第三, 高管薪酬在高管声誉转化为 R&D 投资的过程中曲线传导机制表明了高管薪酬对企业技术创新的重要作用。在动态权衡高管声誉的同时, 企业需要进行高管薪酬合理设计, 使高管声誉与高管薪酬实现最优匹配, 不断提升企业内部的创新活力。

参 考 文 献

徐宁, 徐向. 创新导向的高管激励整合效应——基于高科技上市公司的实证研究[J]. 科研管理, 2013, 34 (9): 46-53.

Park, D. J., B. K. Berger. The Presentation of CEOs in the Press, 1990-2000: Increasing Salience, Positive Valence, and a Focus on Competency and Personal Dimensions of Image [J]. Journal of Public Relations Research, 2004, 16 (1): 93-125.

Kaplan, S. E., J. A. Samuels, J. Cohen. An Examination of the Effect of CEO Social Ties and CEO Reputation on Nonprofessional Investors' Say-on-Pay Judgments [J]. Journal of Business Ethics, 2015, 126 (1): 113-117.

Wade, J. B., S. D. Graffin. The Burden of Celebrity: The Impact of CEO Certification Contests on

CEO Pay and Performance [J]. Academy of Management Journal, 2006, 49 (4): 643–660.

Graham, J. R., C. R. Harvey, S. Rajgopal. The Economic Implications of Corporate Financial Reporting [J]. Journal of Accounting & Economics, 2004, 40 (1–3): 3–73.

Walker, K. A Systematic Review of the Corporate Reputation Literature: Definition, Measurement, and Theory [J]. Corporate Reputation Review, 2010, 2 (4): 57–387.

Fetscherin, M. The CEO Branding Mix [J]. Journal of Business Strategy, 2015, 6 (6): 22–28.

Weng, P. S., W. Y. Chen. Doing Good or Choosing Well? Corporate Reputation, CEO Reputation, and Corporate Financial Performance [J]. North American Journal of Economics & Finance, 2017, 39 (1): 223–240.

Cho, S. Y., J. D. Arthurs, D. M. Townsend, et al. Performance Deviations and Acquisition Premiums: The Impact of CEO Celebrity on Managerial Risk–taking [J]. Strategic Management Journal, 2016, 37 (13): 2677–2694.

Zavyalova, A., M. Pfarrer, R. K. Reger, et al. Reputation as a Benefit and a Burden? How Stakeholders' Organizational Identification Affects the Role of Reputation Following a Negative Event [J]. Academy of Management Journal, 2016, 59 (1): 253–276.

Wei, J., Z. Ouyang, H. Chen. Well Known or Well Liked? The Effects of Corporate Reputation on Firm Value at the Onset of a Corporate Crisis [J]. Strategic Management Journal, 2017, 38 (10): 2103–2120.

Fama, E. F. Agency Problems and the Theory of the Firm [J]. Journal of Political Economy, 1980 (88): 288–307.

Gibbons, R., K. J. Murphy. Does Executive Compensation Affect Investment? [J]. Journal of Applied Corporate Finance, 1992, 5 (2): 9–109.

Bailey, F. G. Gifts and Poison: The Politics of Reputation [M]. Oxford, U.K.: Blackwell, 1971.

Graffin, S. D., J. B. Wade, J. F. Porac, et al. The Impact of CEO Status Diffusion on the Economic Outcomes of Other Senior Managers [J]. Organization Science, 2008, 19 (3): 457–474.

Cialdini, R. B., P. K. Petrova, N. J. Goldstein. The Hidden Costs of Organizational Dishonesty [J]. Mit Sloan Management Review, 2004, 45 (3): 67–73.

Bednar, M. K., E. G. Love, M. Kraatz. Paying the Price? The Impact of Controversial Governance Practices on Managerial Reputation [J]. Academy of Management Journal, 2015, 58 (6): 1740–1760.

Hayward, M. L. A., V. P. Rindova, T. G. Pollock. Believing One's Own Press: The Causes and Consequences of CEO Celebrity [J]. Strategic Management Journal, 2004, 25 (7): 637–653.

Kreps, D., and J. Roberts. Predation, Reputation and Entry Deterrence [J]. Journal of Economic Theory, 1982, 27 (2): 280–312.

Gormley, T. A., D. A. Matsa, and T. Milbourn. CEO Compensation and Corporate Risk: Evidence from a Natural Experiment [J]. Journal of Accounting & Economics, 2013, 56 (2–3): 79–101.

Milbourn, T. T. CEO Reputation and Stock –based Compensation [J]. Journal of Financial Economics, 2003, 68 (2): 233–262.

徐宁. 技术创新导向的高管激励契约整合效应 [M]. 北京: 经济科学出版社, 2016: 92–94.

王建华, 李伟平, 张克彪, 李艳红. "创新型企业" 高管薪酬对创新绩效存在过度激励吗 [J]. 华东经济管理, 2015, 29 (1): 119–125.

Edwards, J. R., L. S. Lambert. Methods for Intergating Moderation and Mediation: A General Analytical Framework Using Moderated Path Analysis [J]. Psychological Methods, 2007, 12 (1):

1–22.

杜运周，张玉利，任兵. 展现还是隐藏竞争优势：新企业竞争者导向与绩效 U 型关系及组织合法性的中介作用 [J]. 管理世界，2012 (7)：96–107.

董保宝，葛宝山. 新企业风险承担与绩效倒 U 型关系及机会能力的中介作用研究 [J]. 南开管理评论，2014，17 (4)：56–65.

徐宁. 高科技公司高管股权激励对 R&D 投入的促进效应——一个非线性视角的实证研究 [J]. 科学学与科学技术管理，2013，34 (2)：12–19.

Baixauli–Soler, J. S., M. Belda–Ruiz, Sanchez–Marin G. Executive Stock Options, Gender Diversity in the Top Management Team, and Firm Risk Taking [J]. Journal of Business Research, 2015, 28 (2)：451–463.

特色城镇建设中存在的问题和对策研究：以上海郊区为例[*]

胡　莫[**]　李　林[**]　孟　勇[***]

【摘要】特色城镇作为加快新型城镇化进程的重要突破口，有利于解决当前我国供给侧结构性改革中发展动能转化的问题。上海作为一个国际化的城市，将会打造出几个特色鲜明、突出地方文化的城镇，这将有助于区域发展的进一步提升和城市竞争力的全面提升。本文以上海整体发展为基础，通过实证研究，全面评价了上海现有特色城镇的资源禀赋和发展现状。在此基础上，从"以人为本"的角度，梳理特色城镇建设的主要瓶颈、目标和方向，协调居民生活、创意人才工作和游客旅游。最后从布局、特色、资源、产业、政策等方面提出了具体的方向和政策建议，推动特色城镇建设。

【关键词】上海；特色城镇；新型城镇化；以人为本

Study on the Problems and Countermeasures in the Construction of Characteristic Towns：With the Suburbs of Shanghai as an Example

HU Mo　LI Lin　Meng Yong

Abstract　As an important breakthrough to speed up the new-type urbanization, the characteristic towns are conducive to solving the problem of developing kinetic energy transformation in the current supply-side structural reform in China. Shanghai, as a global city, will create several distinctive towns that highlight local culture, which will contribute to the further improvement of regional development and the overall improvement of urban competitiveness. Based on the overall development in Shanghai, this paper fully evaluates the existing resource endowments and development status of Shanghai's existing characteristic towns through empirical research. Based on this, it sorts out the major bottlenecks and the goals and directions of the construction

    * This article was funded by the National Natural Science Foundation of China（71473076）, the National Social Science Foundation of China（17BGJ021）and the "2017 Shanghai university teachers' domestic visit"（17002228）.

    ** School of Management, Shanghai University of Engineering Science, P.R. China.

    *** School of Business Administration, Hunan University, P.R. China.

of characteristic towns from the perspective of "people-oriented", coordinating the residents' life, creative talents' work as well as tourists' travel. Finally, it gives specific direction and policy initiatives from the layout, characteristics, resource, industry, policy and other aspects to promote the construction of characteristic towns.

Keywords Shanghai; Characteristic Towns; New Urbanization; People-oriented

1. Introduction

With the economic transformation and the upgrading of urbanization, the construction of characteristic towns has become an important measure to speed up new-type urbanization under the "new normal". Shanghai, as a global city, has given full play to its radiation effects. Creating small towns with resources-intensive, environment-friendly and flexible development that are "adapted to local conditions" is an important measure to enhance the industrial levels and urban value. However, at present, the overall urban development in small towns in Shanghai is still uneven. The core competitiveness remains to be tapped and the resource concentration has not yet taken shape. The system of differentiated coordination among cities still needs to be constructed. Therefore, it is necessary to sort out the status and the key issues those towns are facing, and put forward the countermeasures and suggestions on how to promote the construction of characteristic towns from the perspective of "people-oriented".

2. Theoretical Backgrounds

2.1 The Connotation of Characteristic Towns

Characteristic towns are neither "towns" in the sense of traditional administrative divisions nor "districts" of industrial parks, but feature a new type of economy in which special industries and cultures are at the core and entrepreneurial innovation is a factor and various economic elements are aggregated. It forms a platform for industrial upgrading and economic transformation that integrates the entire industrial chain and various innovative elements (Li Qiang, 2015; Li Gan, 2017; Glaeser, et al., 2001). The distinctive features of characteristic towns are reflected in four aspects: geographical features, ecological features, industrial features and historical and cultural features (Ahn, et al., 2015; Qin, 2015; Long et al., 2015).

Table 1   Features of Characteristic Towns

Features	Explanations
Geographical features	Resource complementation and information exchange with central cities, relying on the latter especially in transportation networks and business services
Ecological features	The location is mostly beautiful and is designed to provide local residents with comfortable ecological and living environment, reflecting the harmonious coexistence between man and nature
Industrial features	Mainly focus on high-tech services or traditional key industries or key links in the industrial chain, not intended to pursue the integrity of industrial clusters or the extension of industrial chains
Historical and cultural features	Different from the iconic style of the big cities, it forms a new cultural trait to enhance residents' cultural identity, spiritual belonging and identity accumulation

2.2   The Status Quo and Development Initiatives of Characteristic towns

After entering the middle-income stage, some towns in developed countries become characteristic such as Greenwich and Davos, which are characterized by modern service industries and knowledge-based economy. Some scholars have made useful researches on the problems of the development of those towns.

According to the study of Orbasli (2000), for those historic towns, the development of tourism is an important part of rejuvenating the local economy, but at the same time it faces the risk of cultural heritage being destroyed and the disadvantages of poor protection. Yigitcanlar (2007) pointed out that one of the focuses of the development of high-tech towns is how to rely on public services to attract and retain knowledge workers. According to Liu et al. (2013), some Chinese characteristic towns are under heavy construction and light management, emphasis on input but neglect output. Zhou (2017) pointed out that the characteristic towns nowadays mainly face the following problems: the distinctive image is not prominent, the main business is dislocated, the industrial level is not high, and the construction progress is greatly different. Fan et al. (2017) argue that under the new economic normal, the original business practices of small towns must be upgraded. Through the summaryabove, the existing research still has the following deficiencies:

(1) The research object mainly focuses on the three elements of the characteristic towns construction: the government, the industry and the residents separately, there is seldom systematic study of the three.

(2) The content of the current researches mainly focuses on the economic and industrial development of the towns, little amount of attention was paid to the micro-level—the real "people". For example, how to achieve personal attribution and identity agree through coordinated development of "livable, pleasure for travel and suitable for work" is still lack of researches.

（3）The existing research has little suggestions on the status quo and problems as well as how to enhance the construction of characteristic townships systematically.

3. The Status Quo of Shanghai Characteristic Towns

3.1 Morning Bird Construction

There are more than 20 small towns in Shanghai that have developed their own u-nique resource advantages in the long process of development. For example, Fengjing, Jinshan, as the southwest gateway of Shanghai, started the construction of characteristic town since 2010 and explored a unique development path that fully tapped the ecological, cultural and industrial features to gradually stimulate the vital-ity and core competitiveness of the town. In 2016, as the first nationwide new-type urbanization pilot area in Shanghai, Jinshan took the lead in introducing the "Opin-ions on Accelerating the Construction of Characteristic Towns in Jinshan", targeting itself as a "pilot city with traffic nodes, industrial integration, service collaborative and resourceagglomeration". Through financial support, Jinshan intensify the transfer payments through the policy of "replaces subsidies with rewards" and explore the PPP model and actively explore diversified investment and financing channels so as to give full play to its functions.

3.2 Radiation Effect

Following the approval of the first batch of characteristic towns, namely, Fengjing, Chediun and Zhujiajiao in October 2016, six new towns such as Xinchang-were approved the second round. Overall all nine towns are forming a spatial layout around the city, taking on each other functionally, forming a full radiation effect of urban development, as well as easing the pressure of big cities and promoting the in-tegration of urban and rural areas. In the meantime, these towns form their own char-acteristicsin their respective development goals, resource endowments, industrial fea-tures, industrialization and development as well as construction methods and opera-tion, and have some differences in development prospects.

3.3 Scientific Distribution

The construction of characteristic towns in Shanghai is based on a multi-point layout and regards the development of small towns as an important focal point for en-hancing the city's quality, enriching the connotation of cities and perfecting the ur-ban functions. It has become an important carrier for promoting industrial upgrading and developing a new economy in the region. At present, there has formed Dongping agricultural eco-town in the east, cultural and creative town in the south, Zhujiajiao town as "Shanghai Venice" and "Shanghai Hollywood" in the west, Wujing Town in the north as the first bend of the Pujiang River. Moreover, Shanghai International Automobile City is in the Anting Town, and cultural and creative industriesare rising at Zhujiajiao Town. Through the accumulation of capital, ecology, talent, culture, tourism and industry, these characteristic towns clusters have formed a livable ecological environment with resources that are complementary with each other.

4. Major Problems in the Construction of Shanghai Characteristic Towns

4.1　Weak Infrastructure

Starting from cracking the bottleneck of land resources and the goal of urban-rural dual structure, most of the existing featured towns are located in suburbs, and there is a big gap of infrastructure between ruraland urban areas to meet the needs of modern people. Due to the relative lack of public infrastructures and service facilities, the functions such as residence, production, transportation and service in the characteristic towns cannot be effectively integrated, resulting in a lack of attractiveness for talents and projects, which in turn further restricts the updating and supporting of service and facilities. Therefore, at present, the characteristic towns in Shanghai have not developed a strong competitive advantage and have a limited effect on population densification in the process of Shanghai's cosmopolitan construction.

4.2　Lack of Integration of Industry and Town

Due to the differences in resource endowments and development paths, some distinctive towns have obvious innate advantages but make insufficient use of them. These towns often lack characteristic industries with potentials or lack the further development potential in existing industries. On the one hand, industries are small-scale with many categories, dispersed in development and less industrial relevance; on the other hand, due to geographical and resource constraints, these industries lack leading enterprises, thus the industry chain is short with little high-end industries and less supporting and cannot form obvious agglomeration effect. Due to the lack of impetus for industrial development, the rate of urban renewal and the improvement of service facilities is relatively low, which in turn causes the failure to achieve sustainable development among industry, town and people.

4.3　Insufficient Cultural Background

Some characteristic towns have little long-term planning, as the main characteristic is not obvious and with little cultural heritage. For example, the Thames town and the Netherlands style town engage in a simple fetishism, copy the exotic architectural features, did not retain the original location style, the regional culture and reflect the characteristics and functions of the town its own, resulting in no highlight of ecological and architectural culture. Traditional culture and original flavor were lost in the construction of towns and cities, resulting in the general identity of residents are not high.

4.4　Lack of Overall Coordination

In the process of development, characteristic towns pay attention to becoming a relatively independent and prominent area, lacking overall consideration in strategic coordination and optimal allocation of resources. At present, the key industries in the towns in Shanghai are relatively duplicated. For example, there are overlaps in areas such as cultural and creative industries, ecological agriculture and tourism, which easily lead to waste of resources and low level of regional agglomeration. Therefore, how to achieve the coordination of planning and resource optimization of construction will be one of the key issues to be solved. For example, the development of center towns in suburbs of Shanghai is relatively lagging behind the development of central areas and new towns. The functions of residential, production, transportation and service in those towns are not effectively integrated as comprehensive service systems such as transportation, commerce and trade, medical care and education are still not complete.

5. Initiatives for the Construction of Shanghai Characteristic Towns

According to the people-oriented perspective to integrate the residents, tourists and talents for their life, travel and work, we put forward five proposals from the aspects of the government guidance, infrastructure input, industry and town integration, cultural precedence and coordinated development.

5.1　Government Guidance

The construction of characteristic towns should adhere to the principle of "market-oriented operation under the guidance of the government", which means that the government should strengthen the guidance and service in planning compilation, infrastructure support, guarantee of resource supply, cultural connotation and protection of ecological environment. The establishment of development fund or PPP projects can be considered to encourage all types of enterprises and individuals to participate in the construction of infrastructure and supporting projects in various types through strategic cooperation. The formation of strategic corporation is an effective force and guarantee for funding and construction.

5.2　Infrastructure Input

The improvement of public infrastructure is the basis for developing characteristic towns. Only by filling the shortcomings of infrastructure and public services, small towns can form sufficient resource concentration effect. On the one hand, we should strengthen the infrastructure construction of roads, water supply, power supply, communications, waste water treatment and logistics in small towns and strengthen the connection of urban areas with major traffic and transportation hub to form a multi-level transit network. On the other hand, focusing on the construction of projects such as people's livelihood and basic courses, it will continue to improve public service capabilities such as education, medical care, old age support and culture facilities.

5.3　Integration of Industries and Town

The development of characteristic towns fully depends on the development of industries. Only by accelerating the development of dominant industries with advantages can extend the industrial chain, enhance the value chain and promote the industrial integration and development can we realize the establishment and promotion of towns by distinctive industries. Shanghai suburban towns inherently possess the geographical advantages of central cities and metropolitan areas. They are important areas for strategic emerging industries and urban functional transformation and are conducive to attracting high-leve lindustrial agglomeration and should vigorously develop advanced manufacturing and modern service industry.

5.4　Cultural Priority

Culture is the soul of the characteristic towns, only the town with high cultural value is the real value embodiment and long-lasting charm. Therefore, the construction of characteristic towns in Shanghai should insist on highlighting the culture and its connotation. By preserving and inheriting of customs and cultural heritage, it fully demonstrates the unique historical and cultural charm of the area. Only by letting native and vivid culture embody the "meager exquisiteness of big cities" and let culture become an important development force and purpose can the town become a platform with rich cultural heritage, profound cultural atmosphere, distinctive industrial characteristics and refinedecology.

5.5　Overall Coordination

The construction of characteristic townships should be rationally laid out and distributed around the city, forming a coordinated development with adjacent areas. First it is rational to fully rely on and utilize the advantage of different resources, climate, geography and humanities, thus form the interaction between regional characteristics and advantageous resources in different towns to create a town cluster with strong characteristics. Second, the synergistic development of regional advantages in small towns is also needed to establish a linkage mechanism based on the interaction of people, town and nature. In the future, Shanghai should focus on the construction of cultural and creative ecological town in Xinchang, science and technology fashion town in Wujing, the riverside town of Anting, the cultural and creative agricultural tourism town of Dongping, the Luojing leisure agriculture tourism town, and so on.

6. Conclusion

The development of characteristic towns is an important measure taken by Shanghai as a global city to further promote overall economic development and enhance urban image which coordinates the development of big cities and small towns. Based on the empirical study of the existing characteristic towns in Shanghai, this paper explores the resource endowments that the towns are relied on and explores the major bottlenecks in the construction of characteristic towns. From the concept of "people-oriented", this paper put forward measures of the future construction of towns in the layout, characteristics, policy, resources and other aspects.

Overall, the construction and development of characteristic towns is a long-term systematic project that requires joint effects by the government, industries and communities. Only by this way can characteristic towns truly form their own sustainable features. The conclusion of this paper also provides an effective basis and reference for the construction of other characteristic towns in the future.

References

Li Q. With the Spirit of Reform and Innovation to Promote the Construction of Featured Towns [J]. Zhejiang Today, 2015 (13): 8–10.

Li G. Analyzing the Construction of a Characteristic Township in Mo gan Based on the Theory of Comfortable Materials–A Perspective of Consumption Sociology [J]. City Planning, 2017, 41 (3): 61–66.

Qin S. Characteristic Town Construction Should Focus on "Special" and "Color" [J]. Zhejiang Economy, 2015 (12): 42–43.

Long F., Wang X., Wang J., Zou D. Analysis on the Interactive Relationship between Industrial Development and Urbanization [J]. City Problems, 2015 (7): 19–25.

Qiu B. Urban Planning in the Process of Urbanization in China [D]. Shanghai: Tongji University Press, 2005.

Liu Y., Hou Y., Lan Z. The Implementation Effect, Existing Problems and Suggestions for Improvement of "National Strategic" Regional Planning in China [N]. China Economic Times, 2013–02–01.

Zhou X. Industrial Transformation and Cultural Reconstruction: The Creation of a Characteristic Town [J]. Nanjing Social Sciences, 2017 (4): 12–19.

Fan W., Salazar N. B. Study on the Upgrade of Business Format in Tourist Towns of China [J]. Shanghai Economic Research, 2017 (2): 87–94.

National Development and Reform Commission. Guiding Opinions on Speeding up the Construction of Small, Town with Beautiful Features (Cities) [Z]. Development and Reform Planning, 2016 (2125).

Ahn, R., Burke, T. F., McGahan A. M. Innovating for Healthy Urbanization [M]. New York: Springer, 2015.

Orbasli A. Tourists in Historic Towns: Urban Conservation and Heritage Management [M]. London: E&FN Spon, 2000.

Glaeser E. L, Kolko J., Saiz A. Consumer and Cities [J]. Journal of Economic Geography, 2001 (1): 27–50.

Yigitcanlar T., Baum S., Horton S. Attracting and Retaining Knowledge Workers in Knowledge Cities [J]. Journal of Knowledge Management, 2007, 11 (5): 6–17.

《公共关系研究》投稿须知

一、本刊介绍

《公共关系研究》由上海外国语大学主办，上海外国语大学国际工商管理学院、公共关系研究院承办，是目前中国内地唯一一份定位于公共关系理论研究的学术辑刊。

本刊主要刊载与公共关系研究领域相关的观念性理论论文、学术性研究报告、专业性教育研究，以及少量反映公共关系研究学术动态的信息、评论和综述。

本刊严格遵从国际学术规范和审稿制度，力求把本刊办成我国公共关系学术研究领域具有专业性、国际性、权威性的学术刊物，使之成为我国公共关系研究学术领域的交流平台，国际公关界了解中国公共关系研究的窗口，中外公关学术交流的桥梁。

本刊欢迎任何来自国内外、境内外的，从各学科、多视角的，科学严谨地对公共关系及其相关领域进行研究、探讨的稿件。论文、研究报告、教育研究稿件一般请控制在 5000 字到 15000 字；学术动态信息在 1000 字以下；书评、综述、评论等在 3000 字以内。论文格式请参照本刊。

二、投稿须知

1. 投稿时请另页提供个人简介一份。个人简历在 300 字以内。内容包括：姓名、性别、学历、现工作单位、行政职务或职称、研究方向，以及作者通信地址、电话、电子邮件联系方式等。

2. 投稿时请提供文章标题、作者姓名、工作单位、内容摘要、关键词等的英译文。

3. 本刊每年出版 2 辑，分别在 6 月和 12 月，稿件提交截止日期对应为 1 月和 7 月。

4. 编辑部有权修改来稿文字，必要时寄送作者修改或确认，请按规定时间寄回修改稿，或确认编辑部修改后的稿件。

5. 请勿一稿多投。编辑部在接到稿件之后的 1 个月内告知作者用稿意见。稿件若未采用，作者可另投他刊，请自行保留底稿。稿件一经采用，作者便自行将光盘出版、网络出版权转让编辑部，编辑部不再另行通知。

6. 稿件提交的方式与地址：请以电子邮件附件方式发送至：prfshanghai@163.com，并将论文用 A4 纸打印一份寄至：上海市大连西路 550 号，上海外国语大学国际工商管理学院《公共关系研究》编辑部收，邮编 200083。

上海外国语大学
《公共关系研究》编辑部